I0567159

BESTACTIVITYBOOKS.COM

Copyright © 2022 LINGUAS CLASSICS

Todos os direitos reservados. Nenhuma parte deste livro pode ser re-
produzida ou utilizada de qualquer forma sem a autorização escrita do
titular dos direitos de autor, excepto para a utilização de citações numa
resenha de livro.

PRIMEIRA EDIÇÃO - 2022

Ilustración gráfica adicional: www.freepik.com
Graças a Alekksall, Starline, Pch.vector, Rawpixel.com,
Vectorpocket, Dgim-studio, Upklyak, Macrovector,
Stockgiu, Pikisuperstar & Freepik.com Designers

Descobrir Jogos Online Grátis

Disponível Aqui:

BestActivityBooks.com/FREEGAMES

5 DICAS PARA COMEÇAR

1) CÓMO RESOLVER LAS SOPA DE LETRAS

Os puzzles têm um formato clássico:

- As palavras estão escondidas sem espaços ou hífenes,...
- Orientação: As palavras podem ser escritas para a frente, para trás, para cima, para baixo ou na diagonal (podem ser invertidas).
- As palavras podem sobrepor-se ou intersectar-se.

2) APRENDIZAGEM ACTIVA

Ao lado de cada palavra há um espaço para anotar a tradução. Para encorajar a aprendizagem activa, um **DICIONÁRIO** no final desta edição permitir-lhe-á verificar e expandir os seus conhecimentos. Procure e anote as traduções, encontre-as no puzzle e adicione-as ao seu vocabulário!

3) MARCAR AS PALAVRAS

Pode inventar o seu próprio sistema de marcação - talvez já use um? Pode também, por exemplo, marcar palavras difíceis de encontrar com uma cruz, palavras favoritas com uma estrela, palavras novas com um triângulo, palavras raras com um diamante, e assim por diante.

4) ESTRUTURANDO A APRENDIZAGEM

Esta edição oferece um **CADERNO DE NOTAS** prático no final do livro. Nas férias, em viagem ou em casa, pode facilmente organizar os seus novos conhecimentos sem a necessidade de um segundo caderno!

5) JÁ TERMINOU TODAS AS GRELHAS?

Nas últimas páginas deste livro, na secção **DESAFIO FINAL**, encontrará um jogo gratuito!

Rápido e fácil! Consulte a nossa colecção de livros de actividades para o seu próximo momento de diversão e **aprendizagem**, a apenas um clique de distância!

Encontre o seu próximo desafio em:

BestActivityBooks.com/MeuProximoLivro

Aos vossos lugares, preparem-se...Vão!

Sabia que existem cerca de 7.000 línguas diferentes no mundo? As palavras são preciosas.

Adoramos línguas e temos trabalhado arduamente para criar livros da mais alta qualidade para si. Os nossos ingredientes?

Uma selecção de tópicos adequados à aprendizagem, três boas porções de entretenimento, e depois acrescentamos uma colherada de palavras difíceis e uma pitada de palavras raras. Servimo-los com amor e máximo divertimento, para que possa resolver os melhores jogos de palavras e se divirta a aprender!

A sua opinião é essencial. Pode participar activamente no sucesso deste livro, deixando-nos um comentário. Gostaríamos de saber o que mais lhe agradou nesta edição.

Aqui está um link rápido para a sua página de encomendas:

BestBooksActivity.com/Avaliacoes50

Obrigado pela vossa ajuda e divirtam-se!

A Equipa Inteira

1 - Dirigindo

```
Я М Ц Ы Т А А П Ч Я Д Е Т Ф
У Ж Ю Ф Р В Б С Е И Ц Н Ы В
Я Н Б Я А Т Р Б Н Ш Х Х Ь Б
Г Ь Ц У Н О Ш П Н Я Е Ъ Т Т
Ь А М Л С М Л Л Т Ь Ц Х С Н
М Г Я И П О В И Л П О Т О В
Д О А Ц О Б Г Ц А Ф К В Н Д
В Р Т А Р И А Е В Я Ф И С О
И О Р О Т Л З Н А М К Щ А И
Ж Д А Г Ц Ь К З Р Г О Ж П С
Е М К А Ь И С И И Б К Т О Л
Н Н Я Р М Ц К Я Я Т П С О Щ
И Т И А А К Ц Л Р Щ И Щ М Р
Е К Т Ж П О Л И Ц И Я И Е О
```

АВАРИЯ	МОТОЦИКЛ
АВТОМОБИЛЬ	МОТОР
ТОПЛИВО	ПЕШЕХОД
ДОРОГА	ОПАСНОСТЬ
ГАРАЖ	ПОЛИЦИЯ
ГАЗ	УЛИЦА
ЛИЦЕНЗИЯ	ТРАНСПОРТ
КАРТА	ДВИЖЕНИЕ

2 - Antiguidades

```
Д  Д  Э  И  С  К  У  С  С  Т  В  О  Ц  Н
Е  М  Е  Н  К  А  Ч  Е  С  Т  В  О  Е  Е
С  Е  И  К  Т  Л  Е  П  У  Ц  Д  М  Н  О
Я  Б  Ю  Е  О  У  С  Т  А  Р  Ы  Й  А  Б
Т  Е  Ч  В  Б  Р  З  С  Т  И  Л  Ь  Л  Ы
И  Л  У  А  Я  Ъ  А  И  Е  Ц  Щ  Ъ  О  Ч
Л  Ь  Г  В  Ч  В  Е  Т  А  Л  О  Щ  Л  Н
Е  Г  А  Л  Е  Р  Е  Я  И  С  П  Х  Е  Ы
Т  П  Д  Ж  А  Ч  Т  У  Я  В  Т  М  Ч  Й
И  П  У  Щ  Р  В  Л  Ы  Т  Е  Н  О  М  Ь
Я  Й  Ы  Н  Т  Н  А  Г  Е  Л  Э  Ы  Л  Ц
Ъ  Ш  Ф  Р  К  Ы  Щ  Г  Ь  Ш  Ш  П  Й  У
П  Х  А  Ч  Я  Т  Ц  Е  Н  Н  О  С  Т  Ь
А  У  К  Ц  И  О  Н  Ш  Ш  Ы  Я  Ю  Ф  Ч
```

ИСКУССТВО
ДЕКОРАТИВНЫЙ
ДЕСЯТИЛЕТИЯ
ЭЛЕГАНТНЫЙ
ЭНТУЗИАСТ
СТИЛЬ
ГАЛЕРЕЯ
НЕОБЫЧНЫЙ
ПУНКТ

АУКЦИОН
МЕБЕЛЬ
МОНЕТЫ
ЦЕНА
КАЧЕСТВО
ВЕК
ЦЕННОСТЬ
СТАРЫЙ

3 - Churrascos

```
П Д А К Н В М Ъ М Г Ь Л О С
П Е Л Е Т О М Х К О О Ш Т О
О У Р П Г Л Т К У Р Ф Б У У
М А Ю Е Л Я Ж Х Л Я С М Е С
И Т Е Д Ц И Г Р Ы Ч А Ф Г Д
Д И Я Ь М Е С У Г И Л Г Р Л
О А Ц И Р У К Т Ш Й А О И Л
Р С Ф В Т Х З С Ф И Т Л Л К
Ы Ь Н Ъ Ю Т Ц Ы Л Х Ы О Ь Б
Ч К Р Ю Р Н У Щ К П О Д Б А
Н О Ж И Щ О В О Н А О Е Ц Ф
П Р И Г Л А Ш Е Н И Е Ю Ш К
П И В А Ф Ю Ц Х Г У Ф Ц Ш А
Н П Б М С Г П Ф Ю Ц Ж Ж Ъ Ъ
```

ЛУК	ИГРЫ
ПРИГЛАШЕНИЕ	ОВОЩИ
ДЕТИ	СОУС
НОЖИ	МУЗЫКА
СЕМЬЯ	ПЕРЕЦ
ГОЛОД	ГОРЯЧИЙ
КУРИЦА	СОЛЬ
ФРУКТ	САЛАТЫ
ГРИЛЬ	ПОМИДОРЫ
ОБЕД	ЛЕТО

4 - Pesca

```
К О Р З И Н А К К Ы Д П П О
П Л А В Н И К И Х Р М Ь Р К
Ц Г Д К А У Д Б Ь Б Ю А О Е
Ч Щ Г И Ф Ч О Ь Ш А С К В А
Ц Е Щ Б Ж М Л Х О Ж Е Н О Н
Р О В Т Р Ш М Б С Х З А Д Н
Р Е К А А Б Р В Ф С О М Г Г
А Щ Р Ъ Б М Е Ы О И Н И М Ф
Ш П Ь Ш Х Ж О Я Р Д Р Р А В
Л Ы Ф Ь Т С Ю Л Е Ч А П Л Я
В П Л Я Ж Б Ш Е З Е В Ь В Л
К Е Ф Ж Ш Р Ы К О Я О Ю О Д
Ж Ц С М Д Ж Е И Н Е П Р Е Т
О Б О Р У Д О В А Н И Е Ф Ш
```

ВОДА	ПРИМАНКА
ПЛАВНИКИ	ОЗЕРО
ЛОДКА	ЧЕЛЮСТЬ
ЖАБРЫ	ОКЕАН
КОРЗИНА	ТЕРПЕНИЕ
ПОВАР	ВЕС
ОБОРУДОВАНИЕ	ПЛЯЖ
ПРОВОД	РЕКА
КРЮК	СЕЗОН

5 - Geologia

```
Ц  Ю  Н  Ы  Е  Т  Н  К  Д  К  У  Ж  С  У
З  О  Н  А  Ъ  Ч  А  А  Я  Р  Ш  К  О  Ы
Ъ  О  Б  С  У  Е  Л  М  К  И  Т  Б  Л  Щ
М  Ш  Ъ  Л  Б  Ц  Ю  Е  А  С  З  Ф  Ь  Ф
Т  У  П  О  Ф  Г  Д  Н  Ж  Т  Т  О  Ф  О
Т  Ж  С  Й  Д  К  Х  Ь  П  А  П  Л  Р  У
К  О  Н  Т  И  Н  Е  Н  Т  Л  Р  А  У  Э
С  Т  А  Л  А  К  Т  И  Т  Л  Ч  В  Г  П
Л  А  К  Р  Ч  С  У  Ь  Л  Ы  Л  А  Я  П
В  Л  Л  Ч  Е  К  И  С  Л  О  Т  А  Н  Ф
Ы  П  У  П  Ь  Щ  Ш  Н  А  К  В  А  Р  Ц
Д  А  В  Ф  Р  Т  Е  Е  Р  Ш  В  Ч  Л  А
К  А  Л  Ь  Ц  И  Й  П  О  Х  С  Я  Н  С
М  И  Н  Е  Р  А  Л  Ы  К  Д  Ш  Ц  У  Я
```

КИСЛОТА	ЛАВА
СЛОЙ	МИНЕРАЛЫ
ПЕЩЕРА	КАМЕНЬ
КАЛЬЦИЙ	ПЛАТО
КОНТИНЕНТ	КВАРЦ
КОРАЛЛ	СОЛЬ
КРИСТАЛЛЫ	ВУЛКАН
ЭРОЗИЯ	ЗОНА
СТАЛАКТИТ	

6 - Tempo

```
М  У  Ы  Б  Я  У  Е  В  М  У  В  Д  О  Г
Д  И  Т  Б  Ю  Л  Ж  Ч  О  И  Ю  Е  Ю  У
А  К  Н  Р  Я  Л  Е  Е  М  Р  Ф  С  И  Т
В  А  Н  У  О  Д  Г  Р  Е  Щ  Д  Я  А  Ц
С  Л  О  М  Т  С  О  А  Н  Е  Ы  Т  Л  Ч
О  Е  Ч  Н  Ы  А  Д  Щ  Т  Ф  Ь  И  Н  Ш
Я  Н  Ь  М  Я  Ч  Н  В  И  Ы  Г  Л  Е  Щ
Ч  Д  Ц  Е  Н  Й  Ы  Ю  Ч  Ы  Ь  Е  Д  В
Ы  А  Ю  Е  Д  Е  Й  Ж  Я  Е  Щ  Т  Е  Е
Ш  Р  Е  Щ  О  С  М  Е  С  Я  Ц  И  Л  К
Л  Ь  И  У  Г  К  Щ  Д  У  Ю  Ь  Е  Я  К
П  О  Л  Д  Е  Н  Ь  Н  Е  Д  Ъ  Ю  С  М
Я  Л  Л  У  С  Ъ  Р  Ь  Д  Т  Ч  А  С  Ы
Д  М  Г  Б  И  И  Р  М  И  А  Ч  Ю  А  Б
```

СЕЙЧАС	УТРО
ГОД	ПОЛДЕНЬ
ДО	МЕСЯЦ
ЕЖЕГОДНЫЙ	МИНУТА
КАЛЕНДАРЬ	МОМЕНТ
ДЕСЯТИЛЕТИЕ	НОЧЬ
ДЕНЬ	ВЧЕРА
БУДУЩЕЕ	ЧАСЫ
СЕГОДНЯ	НЕДЕЛЯ
ЧАС	ВЕК

7 - Astronomia

К	П	И	Ф	Ц	Й	Ы	Н	Ч	Е	Н	Л	О	С
А	О	Т	А	С	Т	Р	О	Н	О	М	Ц	Б	О
С	А	С	У	Б	Т	Г	Н	С	Н	С	У	С	З
Т	С	З	М	М	П	Л	А	Н	Е	Т	А	Е	В
Р	Т	А	Р	О	А	Ж	Е	И	Щ	Б	Н	Р	Е
О	Е	Т	А	Б	С	Н	И	Ц	О	Р	У	В	З
Н	Р	М	К	Е	М	К	Н	Т	Е	Я	Л	А	Д
А	О	Е	Е	Н	Е	К	Е	О	И	Ю	Ы	Т	И
В	И	Н	Т	Ф	Т	Б	Ч	Я	С	С	Р	О	Е
Т	Д	И	А	Г	Е	К	У	П	Я	Т	Х	Р	Ы
П	Г	Е	Ж	Д	О	Я	Л	М	Е	З	Ь	И	Х
Р	Ю	Ч	Ф	П	Р	Ч	З	Ч	Ф	Р	П	Я	Ы
О	П	Я	И	Ц	А	Т	И	В	А	Р	Г	Х	О
С	В	Е	Р	Х	Н	О	В	А	Я	Л	Ш	А	Б

АСТЕРОИД	ЛУНА
АСТРОНАВТ	МЕТЕОР
АСТРОНОМ	ТУМАННОСТЬ
НЕБО	ОБСЕРВАТОРИЯ
СОЗВЕЗДИЕ	ПЛАНЕТА
КОСМОС	ИЗЛУЧЕНИЕ
ЗАТМЕНИЕ	СОЛНЕЧНЫЙ
РАКЕТА	СВЕРХНОВАЯ
ГРАВИТАЦИЯ	ЗЕМЛЯ

8 - Circo

```
П П Д Я М Ч К П М Н С К А О
О Я А Щ К Л Н О Л С Щ Л Я Б
Ь Х Р Л К Г Ч Х Н Б У О Ь Е
Ъ И А Ь А Д Л Е В Ф О У А З
М Д П Л Б Т Е Л И Б Е Н Л Ь
Ю А Р Е У А К Ы З У М Т Е Я
Т С Г Т Р Б Ъ А К Ф Ч Ь Ы Н
С Т И И Щ О Ы Ч Ы О Ъ Г Н А
О Х Т Р Я Р Е Л Г Н О Ж Т В
К Л Ц З Ф К Ч Б Г Б Ш И О Щ
Н Д Ъ О И А Ж Ы Ф И Я Ф В Ю
Р А З В Л Е К А Т Ь Г С И Х
О Б М А Н Ы В А Т Ь Ф Е Ж Ф
М А Г Ы Ш И Р Г Ф Ф Я К Ф В
```

АКРОБАТ	МАГИЯ
ЖИВОТНЫЕ	ЖОНГЛЕР
БИЛЕТ	МАГ
ПАРАД	МУЗЫКА
КОНФЕТЫ	КЛОУН
СЛОН	ПАЛАТКА
РАЗВЛЕКАТЬ	ТИГР
ЗРИТЕЛЬ	КОСТЮМ
ЛЕВ	ОБМАНЫВАТЬ
ОБЕЗЬЯНА	

9 - Acampamento

```
О Н А С Е К О М О Е Л У Н А
К З Р А Н Ф П Э И Ч Щ Ь Б С
О Ю Е И Н А В О Д У Р О Б О
М Ж Д Р Т Р Ь Н О Г О Ж П П
П К К Е О О Л А Ц Ж Ю И Р Р
А Ф Л Щ Р Г Ь К Ц Р Ь В И И
С О Ф В Г Е Ф Ь С Ш Р О Р К
О Х О Т А К В Е Р Е В Т О Л
П А Л А Т К А Ь Ш Д К Н Д Ю
Л Р Х Д Х Ж Т Р Я Л Е Ы А Ч
Е Ц Ю Б К Д Я А Б С Я Е Р Е
С Г А М А К Ч Н П Ц Е П С Н
К А Р Т А Ч Н О Б Т А Л А И
Г Ш Р П Х С Ж Ф Д Д Ю Е К Е
```

ЖИВОТНЫЕ	ОГОНЬ
ПРИКЛЮЧЕНИЕ	НАСЕКОМОЕ
ДЕРЕВЬЯ	ОЗЕРО
КОМПАС	ФОНАРЬ
ОХОТА	ЛУНА
КАНОЭ	ГАМАК
ШЛЯПА	КАРТА
ВЕРЕВКА	ГОРА
ОБОРУДОВАНИЕ	ПРИРОДА
ЛЕС	ПАЛАТКА

10 - Emoções

```
Ч Щ Н Д Л Л Ь Ъ Р Г Н Е В Б
Т Л Б Е О Ю Ч С Е Н Б И С Л
Д Ч Ю Б Ж Б Б Е Я О С Н И А
Ч Б Я Ю К Н Р О Ь Н М А М Г
М И Р М Е Е О О В А У Ж П О
С Т Р А Х Л А С Т Ь Щ Р А Д
Г Ж Е Ц Ф О О Б Т А Е Е Т А
В Ж И У Л В О М Л Ь Н Д И Р
Х Й Ы Н Й О К О П С Н О Я Н
Ф Ь Т С О Д А Р О И Ы С О Ы
Б Л А Ж Е Н С Т В О Й В Ф Й
Р А С С Л А Б Л Е Н Н Ы Й Я
С П О К О Й С Т В И Е Д С Я
С Б К Ю Ж С К У К А Ц П Х Ц
```

РАДОСТЬ	МИР
ЛЮБОВЬ	ГНЕВ
БЛАЖЕНСТВО	РАССЛАБЛЕННЫЙ
ДОБРОТА	ДОВОЛЕН
СПОКОЙНЫЙ	СИМПАТИЯ
СОДЕРЖАНИЕ	НЕЖНОСТЬ
СМУЩЕННЫЙ	СКУКА
БЛАГОДАРНЫЙ	СПОКОЙСТВИЕ
СТРАХ	

11 - Ficção Científica

Ъ	У	Ь	П	К	Л	Е	Ы	К	И	Н	О	Р	Э
Ю	Ф	Г	Л	Т	Н	Ч	К	А	Я	А	Б	Е	К
Б	Ц	Р	А	А	Я	И	Ь	Р	И	А	А	А	С
Х	Б	Р	Н	И	А	Б	Г	Е	Г	К	Р	Л	Т
У	Я	Л	Е	Н	Ъ	Т	И	И	О	Л	О	И	Р
М	И	Р	Т	С	А	Ж	О	Б	Л	О	Б	С	Е
С	П	О	А	Т	А	Б	Ф	М	О	Н	О	Т	М
Ц	О	Г	У	В	Ы	Р	З	В	Н	Ы	Т	И	А
Е	Т	О	Т	Е	Ъ	Е	Ш	Г	Х	Ы	Ы	Ч	Л
Н	У	Н	О	Н	С	Д	А	Н	Е	С	Й	Н	Ь
А	И	Ь	П	Н	О	Ч	Ц	Ш	Т	Б	У	Ы	Н
Р	Т	Н	И	Ы	И	Л	Л	Ю	З	И	Я	Й	Ы
И	Н	Г	Я	Й	О	Р	А	К	У	Л	Ц	А	Й
Й	А	Г	А	Л	А	К	Т	И	К	А	Щ	Ц	Ы

АТОМНЫЙ
СЦЕНАРИЙ
КИНО
КЛОНЫ
АНТИУТОПИЯ
ВЗРЫВ
ЭКСТРЕМАЛЬНЫЙ
ОГОНЬ
ГАЛАКТИКА
ИЛЛЮЗИЯ

КНИГИ
ТАИНСТВЕННЫЙ
МИР
ОРАКУЛ
ПЛАНЕТА
РЕАЛИСТИЧНЫЙ
РОБОТЫ
ТЕХНОЛОГИЯ
УТОПИЯ

12 - Mitologia

```
Ь М С Щ Б А С М Ь У Ы В М Г
Б Щ О И Е Р Р У О Б Ь О Е Е
Ю Й З У С Х Е Я Щ Н Ь И С Р
Т Ы Д Х С Е В Ц Е Е С Н Т О
Д Н А Б М Т Н О Ж Л С Т Ь И
Ф Т Н Г Е И О Д У Е Щ Т Р Н
Г Р И Р Р П С Ж К Г Ф Б В Я
Н Е Е О Т Ъ Т В Р Е Л Б Ч О
У М Р М И И Ь Я И Н Л О М В
Щ С Л О Е Е И Н Е Д Е В О П
Ч К Л Х Й У Ю Щ Я А Ш Б Р В
Л А Б И Р И Н Т Ю Л Р Т Л Ъ
В О Л Ш Е Б Н Ы Й И Б Ж Б Ы
Ъ Щ Ю Я А Ф О Р Т С А Т А К
```

АРХЕТИП	БЕССМЕРТИЕ
РЕВНОСТЬ	ЛАБИРИНТ
ПОВЕДЕНИЕ	ЛЕГЕНДА
СОЗДАНИЕ	ВОЛШЕБНЫЙ
СУЩЕСТВО	МОНСТР
КАТАСТРОФА	СМЕРТНЫЙ
СИЛА	МОЛНИЯ
ВОИН	ГРОМ
ГЕРОИНЯ	МЕСТЬ
ГЕРОЙ	

13 - Medições

```
Б А Й Т Д Ш И Ш Ю Л Р У А Ъ
В Ш С С М Е Ъ Б О А Ь Н Ь Щ
Ы К М С Щ Ж С Л И Т Р Ц Г Ы
У Р М Х А Д Я Я К И Б И Ы Ж
Х Ю А Г Н М Л Н Т И В Я Г Б
Ш И Р И Н А Ц И Ю И М Е Т Р
П Ж Г Д О Т Ш М Н Ь Ч А Ч С
А Ь Ъ К Т О Г Л Ъ А Ю Н Щ Ф
В Ф Я Ч М С Ф Щ М Д Ъ У Ы М
Е О Л Ш П Ы Г Л У Б И Н А Й
С Ю Я Ж Ш В С Т Е П Е Н Ь Ю
Ж И Ю Ж С А Н Т И М Е Т Р Д
Ц К Т Б К И Л О Г Р А М М Х
М И Н У Т А К И Л О М Е Т Р
```

ВЫСОТА	МЕТР
БАЙТ	МИНУТА
САНТИМЕТР	УНЦИЯ
ДЛИНА	ВЕС
ДЕСЯТИЧНЫЙ	ДЮЙМ
ГРАММ	ГЛУБИНА
СТЕПЕНЬ	КИЛОГРАММ
ШИРИНА	КИЛОМЕТР
ЛИТР	ТОННА
МАССА	ОБЪЕМ

14 - Álgebra

```
Б У С Х Ь П Ш Ф А К Т О Р О
У Р А В Н Е Н И Е Ч Е Ц Ю Х
О Е Б Й Т Е И Н А Т И Ч Ы В
Ф Ч Н Ы С Ч И Ю Ш Б Н С А Ф
Р Й Ы Н Ч Е Н О К С Е Б Л У
А Р Ш Й А М М У С Р Ш Л У О
К Н Ш Е Ф Б А И Ь Ф Е О М У
Ц Ч К Н У Л Т Т У Ц Р Ж Р П
И С У И Я Ч Х К Р Г Ш Н О Р
Я Г Л Л Ж Г Т Ю Я И Г Ы Ф О
П Е Р Е М Е Н Н А Я Ц Й Д Щ
Б Э К С П О Н Е Н Т В А Ь А
Д И А Г Р А М М А Н У Л Ь Т
П Р О Б Л Е М А К Б О К С Ь
```

ДИАГРАММА   ЧИСЛО
УРАВНЕНИЕ   СКОБКА
ЭКСПОНЕНТ   ПРОБЛЕМА
ЛОЖНЫЙ   УПРОЩАТЬ
ФАКТОР   РЕШЕНИЕ
ФОРМУЛА   СУММА
ФРАКЦИЯ   ВЫЧИТАНИЕ
БЕСКОНЕЧНЫЙ   ПЕРЕМЕННАЯ
ЛИНЕЙНЫЙ   НУЛЬ
МАТРИЦА

15 - Plantas

```
Б Ц Ж В Ъ Ф Ц Ф Ъ Ц Д Я С Е
О В У Р Р Л Д П Д Е Н Н У Ъ
Т Х Р С Ж О В Е Р Е Д Щ Б Ж
А Д О Г Я Р П Ь К К Г Ю Ж У
Н М В М Н А Л Ф Я Р Г Р Ы Д
И О А К Г О Ю К О Р Е Н Ь О
К О Т Е В Ц Щ О Ж Ч Т С Ъ Б
А Щ Д Л И С Т Т М Я Р О В Р
Л И К С Е Д Ю С Е Л А Л Ь Е
Ю И Ъ У У Ь Ф Е У Б В Н Ь Н
М Л С Ь С Щ В П У О А Ц Ь И
М С Х Т А Т А Е П Б Ъ Е С Е
К М Г Ц В У В Л Б А М Б У К
Н Щ Ж Я Д А С У Т К А К Ы О
```

КУСТ	ЛЕС
ДЕРЕВО	ЛИСТ
ЯГОДА	ЛИСТВА
БАМБУК	ТРАВА
БОТАНИКА	ПЛЮЩ
КАКТУС	САД
БОБ	МОХ
УДОБРЕНИЕ	ЛЕПЕСТОК
ЦВЕТОК	КОРЕНЬ
ФЛОРА	СОЛНЦЕ

16 - Veículos

```
Д Е П И С О Л Е В М А Ч А Т
П И Е П К Ж Щ А Х Т Х Е В Р
Ж У К С У Б О Т В А Н Л Т А
Х Я Л Ы Т П Л О Т Г В Н О К
Ш И Н Ы Е П А Р О М Щ О М Т
У С О Ш Р К С Н Ы К Ч К О О
Ж К Г Ю В М Р А К Е Т А Б Р
Д А Р В Е Р Т О Л Е Т Г И Г
Ц Т У Г Р У З О В И К В Л Ф
М Х Ф С А М О Л Е Т А М Ь Т
Н Е К А Р А В А Н Ч О О Ж И
К Ж Т О Щ Л О Д К А Ь Т Ц В
Ц В У Р У Я Ц К Ь Ю С О Ч Т
М С У К О А А Х Ш Ь Ж Р А Ж
```

САМОЛЕТ	ПЛОТ
ПАРОМ	СКУТЕР
ЛОДКА	МЕТРО
ВЕЛОСИПЕД	МОТОР
ГРУЗОВИК	АВТОБУС
КАРАВАН	ШИНЫ
АВТОМОБИЛЬ	ТАКСИ
РАКЕТА	ЧЕЛНОК
ФУРГОН	ТРАКТОР
ВЕРТОЛЕТ	

17 - Engenharia

О	Ы	Ц	Н	Э	Г	Ф	Щ	О	А	Я	Д	Р	К
Т	Р	Е	И	Н	Е	Р	Е	М	З	И	Ь	Г	Ю
У	Е	И	Н	Е	Л	Е	Д	Е	Р	П	С	А	Р
Р	М	Ч	В	Р	С	М	О	Т	О	Р	О	Ч	Л
Ы	З	У	Ъ	Г	П	Т	Д	И	З	Е	Л	Ь	Н
Ч	А	Х	Е	И	Н	Е	Р	Т	Ч	Е	А	К	Щ
А	Р	С	Щ	Я	Е	П	Ь	У	Ъ	Ь	Б	Ф	Х
Г	А	Р	А	С	Ч	Е	Т	Ъ	К	У	Г	О	Л
И	Д	И	А	Г	Р	А	М	М	А	Т	Щ	М	М
Ц	Ф	Ж	И	Д	К	О	С	Т	Ь	С	У	Ц	Ч
С	Т	А	Б	И	Л	Ь	Н	О	С	Т	Ь	Р	А
Д	И	А	М	Е	Т	Р	С	И	Л	А	О	Щ	А
С	Т	Р	О	И	Т	Е	Л	Ь	С	Т	В	О	О
Г	Л	У	Б	И	Н	А	А	М	А	Ш	И	Н	А

РЫЧАГИ
ТРЕНИЕ
УГОЛ
РАСЧЕТ
СТРОИТЕЛЬСТВО
ДИАГРАММА
ДИАМЕТР
ДИЗЕЛЬ
РАЗМЕРЫ
РАСПРЕДЕЛЕНИЕ

ОСЬ
ЭНЕРГИЯ
СТАБИЛЬНОСТЬ
СТРУКТУРА
СИЛА
ЖИДКОСТЬ
МАШИНА
ИЗМЕРЕНИЕ
МОТОР
ГЛУБИНА

18 - Restaurante # 2

```
Ю К И Ь Л О С Р Г М Х Ъ А Б
Ш Ш И И И А В К Ж Т Л У Т С
Н С Ц К С М А О Ц Н А В А У
Ь А Е Н Г Ч В В Щ А П К Л В
М Ш П У С А И К Я И Ш У А О
П Д С И В Б Л Р И Ц А С С Д
Л Я Ш Е Т Л К В Ъ И К Н Г А
Ф Р У К Т О А А В Ф С Ы А А
Р Ы Б А У У К Ю Л О У Й К Ц
Т Я Й Ц А К О Ю Ю С К Л Щ Ь
М О М Д А В Ь Х Ю Т А О Ж Р
Ы Р Р Н Л Л О Ж К А З Ъ М Д
Ф Н Х Т Е Ы Л О Ш Я С С Р О
Х Р Т Щ Д Е Б О С Б Г Д Ъ К
```

ЗАКУСКА	ВИЛКА
ВОДА	ЛЕД
НАПИТОК	ОБЕД
ТОРТ	ОВОЩИ
СТУЛ	ЛАПША
ЛОЖКА	ЯЙЦА
ВКУСНЫЙ	РЫБА
СПЕЦИИ	СОЛЬ
ФРУКТ	САЛАТ
ОФИЦИАНТ	СУП

19 - Países #2

П	У	К	С	О	А	Л	Щ	Я	Г	И	Я	Ф	П
Ь	Я	Д	Ш	О	Я	В	Ш	О	Р	Н	М	И	А
Г	А	И	Т	И	М	М	Р	Б	Е	Д	А	Р	К
В	К	Ъ	Х	П	Н	А	Ф	Ж	Ц	О	Й	Л	И
Ф	Р	А	Н	Ц	И	Я	Л	Я	И	Н	К	А	С
М	Е	К	С	И	К	А	А	И	Я	Е	А	Н	Т
Д	У	М	А	К	Ъ	К	П	Н	И	З	Ф	Д	А
Н	А	В	И	Л	Т	Г	Е	О	Р	И	Ъ	И	Н
Г	Д	Н	О	Щ	Б	Ф	Н	П	И	Я	Ы	Я	Р
Я	Ш	Л	И	У	Р	А	С	Я	С	Т	Н	Г	О
Ф	П	Ж	М	Я	Х	А	Н	И	А	Р	К	У	С
Н	И	Г	Е	Р	И	Я	К	И	Ъ	Р	А	Т	С
У	Г	А	Н	Д	А	М	А	Ч	Я	Я	В	Ф	И
Ъ	Ь	Ш	Х	К	О	В	Ф	У	Ч	Е	О	А	Я

АЛБАНИЯ
ДАНИЯ
ФРАНЦИЯ
ГРЕЦИЯ
ГАИТИ
ИНДОНЕЗИЯ
ИРЛАНДИЯ
ЯМАЙКА
ЯПОНИЯ
ЛАОС

ЛИВАН
МЕКСИКА
НЕПАЛ
НИГЕРИЯ
ПАКИСТАН
РОССИЯ
СИРИЯ
СОМАЛИ
УКРАИНА
УГАНДА

20 - Cozinha

С	О	Р	Ф	Б	Х	С	Т	В	Е	П	Е	К	С
Г	У	Б	К	А	О	Ч	П	Е	И	Ъ	Е	О	А
А	Ю	К	Щ	Р	Л	А	Е	Е	Ы	Л	Щ	В	Л
В	Ю	Л	О	Я	О	Ш	Ц	Ю	Ц	К	К	Ш	Ф
Ч	А	Ш	К	И	Д	А	Е	Б	Д	И	А	И	Е
П	Е	Ч	Ь	Г	И	Н	Р	Ч	Ц	С	И	Щ	Т
У	Ъ	М	Л	Ж	Л	Ь	Ь	Ъ	А	Е	Т	У	К
Д	Т	Ж	И	П	Ь	К	Ъ	Ы	Ф	Й	Д	И	А
Ч	Т	Д	Р	Е	Н	Ь	Ы	Р	А	Ъ	Н	Е	Ю
Ц	Ф	И	Г	У	И	Ц	Л	М	Р	Ц	Ш	И	П
Н	И	Ш	В	У	К	У	В	Ф	Т	Д	А	Я	К
Ж	Ж	Л	О	Ж	К	И	Р	Н	У	Ш	А	Ч	Ь
М	О	Р	О	З	И	Л	К	А	К	Н	А	Б	Т
И	Н	Ж	У	Щ	Ь	Н	В	Ь	Щ	Л	Р	Ю	Ц

ФАРТУК   МОРОЗИЛКА
ЧАЙНИК   ВИЛКИ
ЛОЖКИ   ХОЛОДИЛЬНИК
КОВШ   ГРИЛЬ
ЧАШКИ   САЛФЕТКА
СПЕЦИИ   БАНКА
ГУБКА   КУВШИН
НОЖИ   РЕЦЕПТ
ПЕЧЬ   ЧАША

21 - Material de Arte

```
М  Т  Ъ  Д  Ч  Б  Я  К  Ц  В  Е  Т  А  Ц
Л  О  Л  С  А  М  Ъ  Ш  К  Н  М  Р  Д  Н
Ч  Й  Л  М  М  Ж  Ь  Я  Ь  Р  Ы  Ь  О  Ц
Л  Е  Е  Ь  Л  О  Г  У  Ф  Ю  Н  Т  В  Й
Я  Л  Р  Х  Б  И  Ф  Ы  Т  В  Х  С  Ч  Ы
П  К  С  Н  Я  Е  Л  Е  У  П  А  О  Б  В
А  И  Т  К  И  Е  Р  Щ  П  Н  Т  Н  У  О
С  Т  О  Р  Л  Л  Ч  Т  Ц  В  Е  В  М  Л
Т  С  Л  А  Е  Т  А  Н  И  Л  Г  И  А  И
Е  А  Ю  С  Р  С  Щ  Е  Т  К  И  Т  Г  Р
Л  Л  И  К  А  И  Т  С  А  Д  Г  А  А  К
И  Б  Щ  И  В  Ю  Щ  У  К  А  М  Е  Р  А
Ю  П  У  П  К  Ц  Ы  А  Л  У  Д  Р  Е  Г
Л  Т  И  Ш  А  Д  Н  А  Р  А  К  К  Р  Ь
```

АКРИЛОВЫЙ	ЦВЕТА
ЛАСТИК	КРЕАТИВНОСТЬ
АКВАРЕЛИ	ЩЕТКИ
ГЛИНА	КАРАНДАШИ
ВОДА	СТОЛ
СТУЛ	МАСЛО
УГОЛЬ	БУМАГА
МОЛЬБЕРТ	ПАСТЕЛИ
КАМЕРА	ЧЕРНИЛА
КЛЕЙ	КРАСКИ

22 - Números

```
Д  В  А  Д  Ц  А  Т  Ь  Л  У  Н  П  Д  Ч
Ш  Е  С  Т  Н  А  Д  Ц  А  Т  Ь  Я  Е  Е
Д  Е  В  Я  Т  Ь  С  Ж  Т  В  О  Т  С  Т
Т  Р  И  Н  А  Д  Ц  А  Т  Ь  Д  Н  Я  Ы
Д  В  О  С  Е  М  Ь  М  П  Т  И  А  Т  Р
В  Я  П  Я  Т  Ь  К  П  С  Я  Н  Д  И  Н
Е  Р  Ы  Т  Е  Ч  Ж  О  Е  С  У  Ц  Ч  А
Н  Ь  Т  А  Ц  Д  А  Н  М  Е  С  А  Н  Д
А  О  Ч  В  У  Н  Ж  П  Ь  Д  А  Т  Ы  Ц
Д  Ь  К  Г  Г  Р  Ъ  О  Ы  А  Щ  Ь  Й  А
Ц  В  О  С  Е  М  Н  А  Д  Ц  А  Т  Ь  Т
А  Г  К  П  Р  Ф  Ж  Д  Т  Н  Н  У  И  Ь
Т  Ш  Е  С  Т  Ь  Ш  С  Р  У  А  Ш  Е  Е
Ь  Я  Т  Ы  Ъ  Т  Р  Ч  И  Л  Ф  М  Ц  М
```

ПЯТЬ
ДЕСЯТИЧНЫЙ
ДЕСЯТЬ
ШЕСТНАДЦАТЬ
СЕМНАДЦАТЬ
ВОСЕМНАДЦАТЬ
ДВА
ДВЕНАДЦАТЬ
ДЕВЯТЬ
ВОСЕМЬ

ЧЕТЫРНАДЦАТЬ
ЧЕТЫРЕ
ПЯТНАДЦАТЬ
ШЕСТЬ
СЕМЬ
ТРИНАДЦАТЬ
ТРИ
ОДИН
ДВАДЦАТЬ
НУЛЬ

23 - Física

```
П Ч А С Т О Т А Х У Ю Е Ч У
Ь Л Е Т А Г И В Д А К А А С
Ж О О Х А Л У К Е Л О М С К
М З И Т Е Н Г А М З П С Т О
Щ К Е И Н Е Р И Ш С А Р И Р
Е В Ь Н П О Л Д Ф Ч Г Г Ц Е
Л Г Ф Я Г Е С Ф Р Х Я У А Н
Я Д Е Р Н Ы Й Т А Т О М К И
Э Л Е К Т Р О Н Ь Д Т А И Е
Б Й Ы Н Ь Л А С Р Е В И Н У
Г Р А В И Т А Ц И Я Ъ Г А Ц
Б Ч С Е И К С Е Ч И М И Х Ь
К Ф О Р М У Л А С С А М Е Х
С К О Р О С Т Ь С Н Ц Ь М Б
```

УСКОРЕНИЕ	МАГНЕТИЗМ
АТОМ	МАССА
ХАОС	МЕХАНИКА
ПЛОТНОСТЬ	МОЛЕКУЛА
ЭЛЕКТРОН	ДВИГАТЕЛЬ
РАСШИРЕНИЕ	ЯДЕРНЫЙ
ФОРМУЛА	ЧАСТИЦА
ЧАСТОТА	ХИМИЧЕСКИЕ
ГАЗ	УНИВЕРСАЛЬНЫЙ
ГРАВИТАЦИЯ	СКОРОСТЬ

24 - Especiarias

Р	Ф	В	В	У	Х	Ш	С	И	Н	А	Ч	Х	Щ
К	А	Р	Р	И	С	А	О	Ч	У	Л	В	Е	Ф
Б	У	Ь	Л	О	С	Ф	Л	Щ	Л	Щ	Ю	Ъ	Ы
Ц	Т	Л	С	Ш	Ш	Р	О	Н	Ж	Ъ	Х	Е	Х
Ж	Ш	Е	Л	Г	Т	А	Д	Г	Ь	Ц	Ь	Ш	У
Л	К	Х	А	Д	В	Н	К	С	Р	Е	В	К	Ъ
Щ	Т	Н	Д	К	Т	О	А	Ц	И	Р	О	К	Г
Ф	В	Е	К	У	В	У	З	Щ	Б	Е	Р	Н	О
Т	К	Ф	И	Ц	Е	А	Я	Д	М	П	Б	Ъ	Р
Щ	У	Р	Й	Ж	Р	Д	Н	А	И	Р	О	Къ	Ь
Щ	С	Т	М	И	Н	К	Щ	И	Ю	К	М	Г	К
К	А	Р	Д	А	М	О	Н	Н	Л	П	А	Х	И
Ы	Ъ	К	Ю	Ч	Е	С	Н	О	К	Ь	Ж	Ш	Й
Х	К	И	С	Л	Ы	Й	Т	Г	Ч	Ю	К	Е	Ф

ШАФРАН
СОЛОДКА
ЧЕСНОК
ГОРЬКИЙ
АНИС
КИСЛЫЙ
ВАНИЛЬ
КОРИЦА
КАРДАМОН
КАРРИ

ЛУК
КОРИАНДР
ТМИН
ГВОЗДИКА
СЛАДКИЙ
ФЕНХЕЛЬ
ИМБИРЬ
ПЕРЕЦ
ВКУС
СОЛЬ

25 - Países #1

```
Д Ф Я С Н Щ Б К Л Б Д И П Ю
О Е У А У Г А Р А К И Н А Е
М А Р О К К О Я А Ь Щ С Н Г
Ф И Н Л Я Н Д И Я З Ъ Ю А И
К А Ф М Ф О Ц Г Э И И Д М П
И А Ш Ь Л О П Е К З С Л А Е
Р Д М У О А Ъ В В Р И А И Т
А А И Б У М Н Р А А Н Г И Я
К Н М Я О И Ч О Д И Д Е С В
Ю А Ь А Ф Д И Н О Л И Н П Б
Ч К Ч Ш Л Т Ж А Р Ь Я Е А Л
Ц Б П С Ь И Г А Н Д Б С Н Щ
Е П П Р Г А И Т А Л И Я И Р
В Р Г Е Р М А Н И Я Т Р Я И
```

ГЕРМАНИЯ	ИТАЛИЯ
БРАЗИЛИЯ	ИНДИЯ
КАМБОДЖА	МАЛИ
КАНАДА	МАРОККО
ЕГИПЕТ	НИКАРАГУА
ЭКВАДОР	НОРВЕГИЯ
ИСПАНИЯ	ПАНАМА
ФИНЛЯНДИЯ	ПОЛЬША
ИРАК	СЕНЕГАЛ
ИЗРАИЛЬ	

26 - Casa

```
С Ю А Б Н Ф Д Г Г Т З Е М О
Т Я М Л И Т С Ь Х К А Ж Е К
Е О О К М Б С А Д Л Б Д Б Н
Н Ш К О А И Л К М Ю О В Е О
А М Т Л К Ж Ш И Ц Ч Р Е Л К
И Е Д О И А А К О И М Р Ь О
Ю Т Х Т Р Ш Ь У Ъ Т К Ь В М
У Л Т О В Ы Т Х А М Е Щ Г Н
О А Ш П О Ч А Н А Р К К У А
И Р Р У К Б Ч Я Ц В Т А А Т
Г А Р А Ж Д У Ш И Д Г Д Ы А
З Е Р К А Л О Ц У И М Р П Т
Н И Л Р Л Н Ю Ъ П М Г Е Ч Ц
Р Х Е Ж П Д Я К П Б Р Ч К Я
```

БИБЛИОТЕКА	КАМИН
ЗАБОР	МЕБЕЛЬ
КЛЮЧИ	СТЕНА
ДУШ	ДВЕРЬ
ШТОРЫ	КОМНАТА
КУХНЯ	ЧЕРДАК
ЗЕРКАЛО	КОВРИК
ГАРАЖ	ПОТОЛОК
ОКНО	КРАН
САД	МЕТЛА

27 - Vegetais

```
А Ш Н В Б У Г Ъ П В Б В О К
С Р У Ъ И Р Х Г А Г Ь Ь В Ж
Е О Т С Р В О Я Ь С Н Р Ч С
Л Д А И Г Л Р К Ь Ж А А Е Н
Ь И Ч Д Ш Г О Ъ К Ш Ж Х С К
Д М Ф Е О О Г Ы Ш О А Н Н А
Е О И Р Г Е К Я А Ю Л Д О Р
Р П Щ Щ У И У П Л Ы К И К Т
Е Р Ж Я Р Р Т Д О Л А Г И О
Й Г Е Щ Е Ш Ы Ч Т Р Б И М Ф
Ч У Я П Ц Ф К У Л А Г Х Б Е
Ш К Ц Г А Ь В О К Р О М И Л
Ш П И Н А Т А С А Л А Т Р Ь
П Е Т Р У Ш К А М Ы Д С Ь С
```

ТЫКВА	ГРИБ
СЕЛЬДЕРЕЙ	ГОРОХ
АРТИШОК	ШПИНАТ
ЧЕСНОК	ИМБИРЬ
КАРТОФЕЛЬ	РЕПА
БАКЛАЖАН	ОГУРЕЦ
БРОККОЛИ	РЕДИС
ЛУК	САЛАТ
МОРКОВЬ	ПЕТРУШКА
ШАЛОТ	ПОМИДОР

28 - Balé

```
К  С  В  Ш  Е  Щ  Х  Ь  М  Ю  Ъ  Т  Ю  Н
Н  А  Т  Ю  Ц  М  Я  А  К  Ы  З  У  М  Ж
И  Ц  Р  И  Ж  В  Я  А  Ы  В  Ш  Ц  Р  Ц
Р  А  Е  Ф  Л  Л  О  М  В  Н  Х  Ц  В  А
К  Ъ  П  Ь  П  Ь  О  И  А  Ч  Т  Ю  Ы  У
О  Г  Е  Ъ  Р  Ы  Ж  Н  Ж  Ъ  Е  А  Д
М  Ы  Т  Н  Е  М  С  И  Д  О  Л  П  А  И
П  Я  И  Ф  А  Р  Г  О  Е  Р  О  Х  Т  Т
О  Д  Ц  П  Р  А  К  Т  И  К  А  Б  А  О
З  Ц  И  Б  А  Л  Е  Р  И  Н  А  С  Н  Р
И  Ь  Я  Р  В  М  С  О  Л  О  И  Б  Ц  И
Т  С  Е  Ж  И  О  Р  К  Е  С  Т  Р  О  Я
О  Е  Я  Щ  Т  Т  В  Ж  Ш  Т  Б  Е  Р  К
Р  П  Х  Щ  Ы  Ь  М  Ы  Ъ  Д  Щ  В  Ы  Е
```

АПЛОДИСМЕНТЫ	НАВЫК
БАЛЕРИНА	МЫШЦЫ
КОМПОЗИТОР	МУЗЫКА
ХОРЕОГРАФИЯ	ОРКЕСТР
ТАНЦОРЫ	ПРАКТИКА
РЕПЕТИЦИЯ	АУДИТОРИЯ
СТИЛЬ	РИТМ
ЖЕСТ	СОЛО

29 - Adjetivos #1

```
Ж А М Б И Ц И О З Н Ы Й Н У
Ы О Т А И Н С Т В Е Н Н Ы Й
Э К З О Т И Ч Е С К И Й Ш К
С О В Р Е М Е Н Н Ы Й Х П Л
Т Л Р Щ Е Д Р Ы Й И К Н О Т
В Е А Б С О Л Ю Т Н Ы Й У Х
Ч А М Б О Л Ь Ш О Й Н Т Л Ц
Е Т Ж Н И Д Е Н Т И Ч Н Ы Й
С Ц Е Н Ы М Е Д Л Е Н Н Ы Й
Т Л Р Ь Ы Й Я Т Я Ж Е Л Ы Й
Н Х К Л Д Й Ы Н М О Р Г О И
Ы С Е Р Ь Е З Н Ы Й Д П Ф К
Й Ы Н Н Е Ш Р Е В О С Ф Б Р
А Р О М А Т И Ч Е С К И Й Я
```

АБСОЛЮТНЫЙ	ЧЕСТНЫЙ
АМБИЦИОЗНЫЙ	ИДЕНТИЧНЫЙ
АРОМАТИЧЕСКИЙ	ВАЖНЫЙ
ЯРКИЙ	МЕДЛЕННЫЙ
ОГРОМНЫЙ	ТАИНСТВЕННЫЙ
ТЕМНЫЙ	СОВРЕМЕННЫЙ
ЭКЗОТИЧЕСКИЙ	СОВЕРШЕННЫЙ
ТОНКИЙ	ТЯЖЕЛЫЙ
ЩЕДРЫЙ	СЕРЬЕЗНЫЙ
БОЛЬШОЙ	

30 - Psicologia

```
О П О З Н А Н И Е В Т Л В Р
Ц Т Е Р А П И Я Р О Е Я Л Е
Е Я Я И Ц А С Н Е С О Т И А
Н К О Н Ф Л И К Т П А Ш Я Л
К О П Ы Т Ж С П Ш Р О Ъ Н Ь
А Й И К С Е Ч И Н И Л К И Н
М Ы С Л И Н Ы Ы У Я Н Н Я О
П О В Е Д Е Н И Е Т Т Е И С
Э А Б Г С Л Э К Е И Щ И Я Т
Ь М Ь Л Ч Ы Г А Ч Е И Д Е Ь
Р Щ О П Т Г О В Т С Т Е Д А
Ь В Ж Ц П Р О Б Л Е М А Ы Ч
Д Г Ы Я И Н А Н З О С З Е Б
М Е Ч Т Ы И Л И Ч Н О С Т Ь
```

ОЦЕНКА
КЛИНИЧЕСКИЙ
ПОЗНАНИЕ
ПОВЕДЕНИЕ
КОНФЛИКТ
ЭГО
ЭМОЦИИ
ОПЫТ
БЕЗ СОЗНАНИЯ
ДЕТСТВО

ВЛИЯНИЯ
МЫСЛИ
ВОСПРИЯТИЕ
ЛИЧНОСТЬ
ПРОБЛЕМА
РЕАЛЬНОСТЬ
СЕНСАЦИЯ
МЕЧТЫ
ТЕРАПИЯ

31 - Paisagens

П	Т	У	Н	Д	Р	А	М	С	И	З	А	О	О
Я	Е	Ы	Л	Ы	Ж	Д	Б	В	М	А	Х	А	С
И	А	Щ	П	И	О	В	Ъ	Ж	Я	Л	П	Л	Т
Р	К	Ц	Е	О	Ъ	Х	Щ	У	Е	И	О	А	Р
М	Е	Х	Т	Р	К	Х	О	О	Ы	В	Г	Х	О
О	Е	К	Ю	Ю	А	В	Х	П	Ж	О	Р	Ь	В
Р	Ы	Ц	А	У	Н	О	Ш	С	О	Р	Е	З	О
Е	Ф	У	Н	Я	И	Д	П	Ю	Т	Т	Б	О	А
О	К	Е	А	Н	Л	О	Г	Р	О	С	С	Ч	Я
Т	И	Ф	К	Ы	О	П	О	Н	Л	О	Й	Ф	У
А	Н	Ф	Л	Т	Д	А	Р	Ц	О	У	А	Г	У
Ь	Д	Н	У	С	Ж	Д	А	П	Б	Л	М	У	Ь
Х	Е	Р	В	У	П	В	П	Д	О	О	Г	Ь	Х
П	Л	Н	Я	П	С	Ш	П	А	Ю	П	Е	Ш	Щ

ВОДОПАД	ГОРА
ПЕЩЕРА	ОАЗИС
ХОЛМ	ОКЕАН
ПУСТЫНЯ	БОЛОТО
ЛЕДНИК	ПОЛУОСТРОВ
ЗАЛИВ	ПЛЯЖ
АЙСБЕРГ	РЕКА
ОСТРОВ	ТУНДРА
ОЗЕРО	ДОЛИНА
МОРЕ	ВУЛКАН

32 - Dança

```
В А К А Д Е М И Я Щ У Э П К
Ы Р Е П Е Т И Ц И Я Ъ М Ы Л
Р П А Р Т Н Е Р Ъ Ь Х О В А
А Д Й Я Д Ц С Х А Т У Ц Ь С
З О Ы И Ь У Ш С Ы К Т И В С
И В Н Ф Ф Г Р Я Ю Б М Я Я И
Т Т Р А Д И Ц И О Н Н Ы Й Ч
Е С У Р З Н В Ц Б Ж П Ь Ф Е
Л С Т Г Л О Н А А Ы Ю Г П С
Ь У Ь О П Л П Р К Б Ъ Ж Ш К
Н К Л Е Ъ Е К Г П Ы В Т Е И
Ы С У Р М Т И Р Ф Ю З Л Ш Й
Й И К О О У К У Л Ь Т У Р А
М В А Х Д В И Ж Е Н И Е М Я
```

АКАДЕМИЯ
ИСКУССТВО
КЛАССИЧЕСКИЙ
ХОРЕОГРАФИЯ
ТЕЛО
КУЛЬТУРА
КУЛЬТУРНЫЙ
ЭМОЦИЯ
РЕПЕТИЦИЯ

ВЫРАЗИТЕЛЬНЫЙ
ГРАЦИЯ
ДВИЖЕНИЕ
МУЗЫКА
ПАРТНЕР
ПОЗА
РИТМ
ТРАДИЦИОННЫЙ

33 - Nutrição

М	Х	С	Е	Ч	Б	Ц	С	Щ	С	А	В	Г	З
С	Е	И	И	Д	Я	Л	Ц	Л	П	П	А	О	Д
Ц	Ь	Ъ	Н	Н	И	С	К	О	Т	П	С	Р	О
Б	Б	Ц	Е	У	С	Е	И	Ж	Н	Е	О	Ь	Р
У	Ш	Г	Р	Г	Ы	В	Т	Н	Е	Т	У	К	О
К	Г	Ы	А	Н	Й	Д	С	А	И	И	С	И	В
А	З	Л	В	Т	Ы	Р	О	О	Р	Т	Ш	Й	Ь
Ч	Д	В	Е	Д	Н	Ы	К	Ю	Т	Ш	Х	Ы	Е
Е	О	И	Щ	В	Б	Ж	Д	Н	У	Ц	В	С	К
С	Р	Т	И	Б	О	С	И	К	Н	Д	К	Н	П
Т	О	А	П	Е	Д	Д	Ж	Т	В	С	У	Ю	С
В	В	М	Г	Л	Е	Н	Ы	Ж	Ь	В	С	Ж	Ф
О	Ы	И	Ч	К	Ъ	К	А	Л	О	Р	И	И	Т
Г	Й	Н	Б	И	С	Л	Ж	Ц	Ц	Я	Щ	Ф	Ъ

ГОРЬКИЙ
АППЕТИТ
КАЛОРИИ
УГЛЕВОДЫ
СЪЕДОБНЫЙ
ДИЕТА
ПИЩЕВАРЕНИЕ
ЖИДКОСТИ
СОУС

НУТРИЕНТ
ВЕС
БЕЛКИ
КАЧЕСТВО
ВКУС
ЗДОРОВЫЙ
ЗДОРОВЬЕ
ТОКСИН
ВИТАМИН

34 - Energia

```
У Ф Я С О Л Н Ц Е Ъ Э Ч Р Я
Ч Л Ю Ю Н Я Ь О В И Л П О Т
Ю Х Н Ф Ш Н Н И З Н Е Б Т Д
Ч Ч Ж А Ь Н Р Г К Б К Л О И
У Г Л Е Р О Д С М А Т Б М З
Т Ъ Б Т А Т О Ь Э Т Р Е Р Е
Э У Л Х П О Р П Н А И О Щ Л
Я Л Р Б Л Ф О Е Т Р Ч Н Ы Ь
Д Ь Е Б К И Д К Р Е Е Б Ч В
Е У Ю К И М О Ю О Я С Г П Х
Р У Ф Р Т Н В С П О К Г Е Ш
Н Ш В В А Р А Ж И Ю И Ж Б Щ
Ы В Е Т Е Р О Ь Я М Й Т К Ф
Й Т Ж Е И Н Е Н З Я Р Г А З
```

БАТАРЕЯ	БЕНЗИН
ЖАРА	ВОДОРОД
УГЛЕРОД	МОТОР
ТОПЛИВО	ЯДЕРНЫЙ
ДИЗЕЛЬ	ЗАГРЯЗНЕНИЕ
ЭЛЕКТРИЧЕСКИЙ	СОЛНЦЕ
ЭЛЕКТРОН	ТУРБИНА
ЭНТРОПИЯ	ПАР
ФОТОН	ВЕТЕР

35 - Disciplinas Científicas

```
М  А  С  Т  Р  О  Н  О  М  И  Я  Я  Ю  Н
Г  Е  Р  Ш  Ц  М  Я  М  Т  Ф  И  И  Ъ  Е
Е  Ж  Т  Ю  Т  Б  И  Ъ  Г  У  М  Г  Т  В
О  Ж  П  Е  Ч  И  М  А  Ь  Р  И  О  О  Р
Л  Ч  Ю  Я  О  М  И  Ю  Ш  Ю  Х  Л  Л  О
О  У  Я  Д  Ц  Р  Х  В  Ь  Ц  Ь  О  У  Л
Г  Ы  У  Я  И  Г  О  Л  О  И  З  И  Ф  О
И  П  Б  Н  Д  Ю  И  Л  Г  Я  Ш  Б  Т  Г
Я  Ы  Ю  И  К  Ь  Б  С  О  А  Г  Е  Г  И
Э  К  О  Л  О  Г  И  Я  Я  Г  Т  Ъ  Щ  Я
Ч  Б  О  Т  А  Н  И  К  А  Ч  И  Г  Ь  И
М  И  Н  Е  Р  А  Л  О  Г  И  Я  Я  Б  Ф
В  В  Ч  И  М  М  У  Н  О  Л  О  Г  И  Я
И  Т  Б  В  А  Р  Х  Е  О  Л  О  Г  И  Я
```

АРХЕОЛОГИЯ	ГЕОЛОГИЯ
АСТРОНОМИЯ	ИММУНОЛОГИЯ
БИОЛОГИЯ	МЕТЕОРОЛОГИЯ
БИОХИМИЯ	МИНЕРАЛОГИЯ
БОТАНИКА	НЕВРОЛОГИЯ
ЭКОЛОГИЯ	ХИМИЯ
ФИЗИОЛОГИЯ	

36 - Meditação

```
П О З А Т О Р Б О Д М А А Т
П Р И Р О Д А У Ч Е Н И Я И
Э Р И Л С Ы М К Й Ю Р Е Ы Ш
Л М Ь М Ъ Н Т Ж Ы Т У И М И
Т Ж О О Ч Е Л Т Н З А Н Г Н
К Л В Ц Ч Л К Р Н И У А У А
Ц Т Ш М И Н Ч О Е Ь И М В Ъ
Е И Н Е Ж И В Д В Ц Ю И Т Р
Ц Р А Щ У Е Ь Ь Т С О Н С Я
Ь М Ъ Я М Ц П Ю С С Е В В В
П Р И Н Я Т И Е М В Е Р Б В
У Ы П Ы Ч У Г Р У Ю И Е Т С
П Е Р С П Е К Т И В А Ы Ж Ы
Н А Б Л Ю Д Е Н И Е П Ц П У
```

ПРИНЯТИЕ	МУЗЫКА
ВНИМАНИЕ	ПРИРОДА
ДОБРОТА	НАБЛЮДЕНИЕ
ЯСНОСТЬ	МИР
ЭМОЦИИ	МЫСЛИ
УЧЕНИЯ	ПЕРСПЕКТИВА
УМСТВЕННЫЙ	ПОЗА
УМ	ТИШИНА
ДВИЖЕНИЕ	

37 - Artes Visuais

Р	У	Ч	К	А	Ъ	Ъ	Т	Я	С	Х	Ш	К	Т
А	Р	У	Т	П	Ь	Л	У	К	С	М	Е	А	Р
Н	П	Ю	Р	Е	Ы	В	Т	Ц	Р	Ф	Д	Р	А
И	Щ	В	Е	П	О	Р	Т	Р	Е	Т	Е	А	Ф
Л	Ч	Х	Б	Ш	Л	Д	Ф	Х	Ч	С	В	Н	А
Г	Т	Е	Ь	Ф	А	С	Ь	И	М	Ж	Р	Д	Р
У	Г	О	Л	Ь	К	И	Т	О	Л	Е	Е	А	Е
С	Л	Ю	О	С	О	С	Т	А	В	Ь	Л	Ш	Т
А	Ц	П	М	М	Р	С	Ж	Ь	Ь	Ю	М	Ъ	Г
В	Ь	С	П	Е	Р	С	П	Е	К	Т	И	В	А
Х	О	Ф	О	Т	О	Г	Р	А	Ф	И	Я	Ч	Р
Ъ	Н	С	О	Ж	Л	К	Е	Р	А	М	И	К	А
У	А	Я	К	И	Н	Ж	О	Д	У	Х	У	Н	Л
А	Р	Х	И	Т	Е	К	Т	У	Р	А	Р	Ф	Р

ГЛИНА   ТРАФАРЕТ
АРХИТЕКТУРА   ФИЛЬМ
ХУДОЖНИК   ФОТОГРАФИЯ
РУЧКА   МЕЛ
УГОЛЬ   КАРАНДАШ
МОЛЬБЕРТ   ШЕДЕВР
ВОСК   ПЕРСПЕКТИВА
КЕРАМИКА   ПОРТРЕТ
СОСТАВ   ЛАК
СКУЛЬПТУРА

38 - Moda

```
С  П  Р  О  С  Т  О  Й  Ь  Л  И  Т  С  И
Ю  О  В  Е  Ж  У  Р  К  Н  Ц  З  Д  В  Л
Й  Ь  В  К  Т  Ц  Ш  Н  А  Ц  М  О  Л  Т
Ы  Ш  Ю  Р  Е  Е  Ъ  В  К  Щ  Е  С  Ф  С
Н  Ф  Ы  Л  Е  Х  Ь  Я  Т  А  Р  Т  Г  Л
Т  С  И  Л  А  М  И  Н  И  М  Е  У  О  В
Н  О  Ъ  К  О  Ц  Е  Ж  Ц  Д  Н  П  Р  Ы
А  Д  Ч  Н  Ц  Ы  Х  Н  К  О  И  Н  И  Ш
Г  Е  Е  О  П  Т  Ф  Ь  Н  В  Я  Ы  Г  И
Е  Ж  Г  П  Б  У  Т  И  К  Ы  У  Й  И  В
Л  Д  О  К  Р  Ц  Ц  Ы  Ш  Я  Й  Д  Н  К
Э  А  И  И  С  К  Р  О  М  Н  Ы  Й  А  А
Д  О  Р  О  Г  О  Й  Л  Д  Я  О  Я  Л  Ц
Ч  Ц  Ю  К  Т  Е  Н  Д  Е  Н  Ц  И  Я  Е
```

ДОСТУПНЫЙ
ВЫШИВКА
КНОПКИ
БУТИК
ДОРОГОЙ
ЭЛЕГАНТНЫЙ
СТИЛЬ
ИЗМЕРЕНИЯ
МИНИМАЛИСТ

СОВРЕМЕННЫЙ
СКРОМНЫЙ
ОРИГИНАЛ
КРУЖЕВО
ОДЕЖДА
ПРОСТОЙ
ТКАНЬ
ТЕНДЕНЦИЯ

39 - Instrumentos Musicais

```
Я Р Й О Б О Г Р Ь Х С М Б Ю
Ч Х Г Я И А Б У Р Т Ю А М Б
Я Р У Ц Л Ю Р Ю О Ф Р Р Б О
И Я Ф А Г О Т А Ф Р А И Б Б
С А К С О Ф О Н Б Я Ю М У И
С М А К И Н О М Р А Г Б Б Ф
У К А П И А Н И Н О Н А Е Л
К В Р Н Х П Ч Ж Л Ж О Ч Н Е
Р Ь А И Д С Е Я В Д Г В О Й
Е Щ Т Н П О Т Ю А Н Ш Ц Б Т
П Ж И Л О К Л Ш Б А Т Е Ц А
О Х Г Ф Е И А И Б Б А Г Ф П
Ф П Ч Ч Ж Ы Т Е Н Р А Л К Л
Т Р О М Б О Н О Ш А Д Щ У Ы
```

МАНДОЛИНА	БУБЕН
БАНДЖО	ПЕРКУССИЯ
КЛАРНЕТ	ПИАНИНО
ФАГОТ	САКСОФОН
ФЛЕЙТА	БАРАБАН
ГАРМОНИКА	ТРОМБОН
ГОНГ	ТРУБА
АРФА	ГИТАРА
МАРИМБА	СКРИПКА
ГОБОЙ	

40 - Adjetivos #2

```
Д И К И Й П Ю Т А И Ц З Н О
Р И Щ Й Ж Р Ф В Ы Н О Д О П
Щ О М Ы И О Ь О Й Т Д О Р И
Ы А Е Н В Д Д Р Ы Е А Р М С
Ф У И Н К У К Ч Н Р Р О А А
Ъ Ю П Е Ю К В Е Т Е Е В Л Т
Ь Х В В Ц Т Л С Н С Н Ы Ь Е
Й Й Ы Т С И Ч К А Н Н Й Н Л
Р Ы Е С Д В Р И Г Ы Ы Б Ы Ь
Н Ц Н Т Щ Н Щ Й Е Й Й С Й Н
О А С Е У Ы С И Л Ь Н Ы Й Ы
В Ж С В Л Й Щ К Э Ш М Е Х Й
Ы Ч Г Т Г О Р Я Ч И Й Ь Н Ц
Й Р Й О Х У С Ц Г О Р Д Ы Й
```

ТВОРЧЕСКИЙ	ПРОДУКТИВНЫЙ
ОПИСАТЕЛЬНЫЙ	ЧИСТЫЙ
ОДАРЕННЫЙ	ГОРЯЧИЙ
ЭЛЕГАНТНЫЙ	ОТВЕТСТВЕННЫЙ
СИЛЬНЫЙ	СОЛЕНЫЙ
ИНТЕРЕСНЫЙ	ЗДОРОВЫЙ
НОРМАЛЬНЫЙ	СУХОЙ
НОВЫЙ	ДИКИЙ
ГОРДЫЙ	

41 - Roupas

Ш	Ц	И	К	Т	А	Ч	Р	Е	П	Ф	Ф	Н	Ю
Ы	Л	С	Н	С	К	Щ	А	А	Ч	А	П	О	Б
Х	И	Я	Щ	Ы	Ш	И	Я	Х	Ъ	Р	А	С	К
Е	У	Б	П	Ю	А	З	У	Л	Б	Т	Л	К	А
Ч	Ъ	Т	Ь	А	Б	Р	Ю	К	И	У	Ь	И	Ж
Е	Ч	Т	Л	Ш	У	О	Я	П	Ж	К	Т	О	П
М	О	Д	А	А	Р	И	Ж	М	Х	Ч	О	Б	Л
Б	Р	А	С	Л	Е	Т	С	Е	Н	Д	Щ	У	А
Д	Ж	И	Н	С	Ы	Щ	Б	Г	Р	Ш	Е	В	Т
С	В	И	Т	Е	Р	Н	У	Ь	П	Е	А	Ь	Ь
В	Г	В	К	У	Р	Т	К	А	Ъ	О	Л	Ы	Е
П	И	Ж	А	М	А	Л	Е	А	Ч	Б	Я	Ь	П
У	Е	К	Ц	Ж	И	И	Л	А	Д	Н	А	С	Е
Ю	Б	И	Н	Ь	И	И	Ю	Ю	Е	Г	У	Я	Ъ

ФАРТУК
БЛУЗА
БРЮКИ
РУБАШКА
ПАЛЬТО
ШЛЯПА
ПОЯС
ОЖЕРЕЛЬЕ
КУРТКА
ДЖИНСЫ

ПЕРЧАТКИ
НОСКИ
МОДА
ПИЖАМА
БРАСЛЕТ
ЮБКА
САНДАЛИИ
ОБУВЬ
СВИТЕР
ПЛАТЬЕ

42 - Herbalismo

```
Й И К С Е Ч И Т А М О Р А И
Ц Ф Б Е К К Е Т И М Ь Я Н Н
В Е Ч И Н И М С М В Б З Р Г
Е Н Ь И Е Л Т У Н Ь И Е А Р
Т Х Ш В В И А К И О Ь Л С Е
О Е Э О Ъ З Ш В Р Р К Е Т Д
К Л Ы С Ч А Д Б А А Н Н Е И
Р Ь Ы Ш Т Б Ю Л М Н Ф Ы Н Е
Р Д Н А И Р О К З Ж Д Й И Н
Ш А Ф Р А Н А Я О Ф А А Е Т
М А Й О Р А Н Г Р Е С Ч И Л
В Ы Г О Д Н Ы Й О Е Д Б М Ф
П Е Т Р У Ш К А М Н К Х Ы Ю
Е Ъ В М Х К А Ч Е С Т В О С
```

ШАФРАН	САД
РОЗМАРИН	ЛАВАНДА
ЧЕСНОК	БАЗИЛИК
АРОМАТИЧЕСКИЙ	МАЙОРАН
ВЫГОДНЫЙ	РАСТЕНИЕ
КОРИАНДР	КАЧЕСТВО
ЭСТРАГОН	ВКУС
ЦВЕТОК	ПЕТРУШКА
ФЕНХЕЛЬ	ТИМЬЯН
ИНГРЕДИЕНТ	ЗЕЛЕНЫЙ

43 - Arqueologia

```
О  Б  Ъ  Е  К  Т  Ы  В  Г  Н  М  И  Н  Д
П  О  Т  О  М  О  К  А  Ь  Е  О  С  Ш  Р
И  Г  Х  Р  А  М  А  К  З  И  Г  С  Ц  Е
К  Ю  Г  Я  У  Ю  Н  О  А  З  И  Л  Ц  В
Ж  У  К  Е  Я  Ь  Й  Ц  Б  В  Л  Е  И  Н
Ь  И  Б  О  Э  Р  А  Е  Ы  Е  А  Д  В  О
Ш  С  М  М  К  Р  Т  Н  Т  С  Г  О  И  С
Ц  У  Ь  Е  Б  О  П  К  Ы  Т  Н  В  Л  Т
З  И  Л  А  Н  А  М  А  Й  Н  Г  А  И  Ь
Э  К  С  П  Е  Р  Т  А  Щ  Ы  О  Т  З  К
Ы  Т  У  О  Ч  Ь  Т  Щ  Н  Й  Д  Е  А  О
Ю  Ы  Я  К  М  С  Ж  Щ  Е  Д  Ы  Л  Ц  С
Т  Р  О  С  С  Е  Ф  О  Р  П  А  Ь  И  Т
И  У  Д  И  Р  Е  Л  И  К  В  И  Я  Я  И
```

АНАЛИЗ	ЗАБЫТЫЙ
ГОДЫ	ИСКОПАЕМОЕ
ДРЕВНОСТЬ	ИССЛЕДОВАТЕЛЬ
ОЦЕНКА	ТАЙНА
ЦИВИЛИЗАЦИЯ	ОБЪЕКТЫ
ПОТОМОК	КОСТИ
НЕИЗВЕСТНЫЙ	ПРОФЕССОР
КОМАНДА	РЕЛИКВИЯ
ЭРА	ХРАМ
ЭКСПЕРТ	МОГИЛА

44 - Frutas

```
Я Ш Е И Ь Г И Н Р Н А Н А Б
Н Б Д А Ы Р Н Е Ъ Ч Н В Ю Л
Ш Ь Л Д Щ У Ж К И С А И К Б
И О Т О А Ш И Т К О Н Н Ъ О
В К Т Г К А Р А Г К А О А Р
Л Ь Ш Я И О Ъ Р Ш И С Г В А
Ж С Р Д В Г П И М Р Ш Р О Н
Ф Ы Н Б Е Н Я Н П Б Ю А К Ж
Н Е Ш К Ж А Д И К А Е Д А Е
Н В Е Г Е М Л Ш Щ Ц П Ы Д В
К О К О С М А Л И Н А А О Ы
О Д М Ф Д Ч Л Ц В П Л Ж Й Й
Ы Ш К И С Р Е П И Г Е Е Г Я
О Е Я Я Л Х Ф Л К С Б В Л О
```

АВОКАДО	КИВИ
АНАНАС	ОРАНЖЕВЫЙ
ЕЖЕВИКА	ЛИМОН
ЯГОДА	ЯБЛОКО
БАНАН	ПАПАЙЯ
ВИШНЯ	МАНГО
КОКОС	НЕКТАРИН
АБРИКОС	ГРУША
ИНЖИР	ПЕРСИК
МАЛИНА	ВИНОГРАД

45 - Corpo Humano

С	Я	Ф	К	Х	О	Ъ	Р	А	П	Т	К	А	Г
О	Е	Г	Л	А	З	Т	У	О	Л	Д	Р	Ж	П
Н	Ш	Р	У	Х	О	Ю	К	Ф	Е	Щ	Б	О	Л
Ч	М	Р	Д	Б	Ж	Д	А	О	Ч	Ы	П	К	Т
Л	К	Щ	Т	Ц	Е	Л	А	П	О	Ы	А	Ч	Л
А	О	П	А	Ь	Е	И	Ф	Г	И	Ь	В	Е	О
В	Д	Ъ	Л	Д	Ч	Я	Ь	Т	О	К	О	Л	Д
М	О	З	Г	Щ	А	П	В	Л	Щ	Н	Л	Ю	Ы
И	Р	Н	В	Р	Н	Б	О	С	Ф	Е	О	С	Ж
Л	О	Ф	Ж	Ц	Ъ	У	Р	Ъ	Ш	У	Г	Т	К
Ф	Б	Щ	Я	П	Х	Н	К	М	М	Б	Ю	Ь	А
Ю	Д	К	К	О	Л	Е	Н	О	Я	Д	Ъ	Ъ	Ш
М	О	Ж	Ч	С	Р	Т	Д	П	Д	Ф	Л	Ы	Е
Т	П	Т	О	Х	Ц	Н	Ч	Е	Г	Г	Л	Ф	Д

РОТ
ГОЛОВА
МОЗГ
СЕРДЦЕ
ЛОКОТЬ
ПАЛЕЦ
КОЛЕНО
ЧЕЛЮСТЬ
РУКА
НОС

ГЛАЗ
ПЛЕЧО
УХО
КОЖА
НОГА
ШЕЯ
ПОДБОРОДОК
КРОВЬ
ЛОБ
ЛОДЫЖКА

46 - Caminhada

```
Ь  Х  Ж  Ф  У  Е  Д  У  Е  Ъ  П  Ь  К  Б
С  О  Л  Н  Ц  Е  И  Т  С  А  П  К  Л  О
Ж  Т  Щ  И  Т  С  О  Н  С  А  П  О  И  Т
У  С  Т  А  Л  Ы  Й  Ы  М  Н  О  У  М  И
П  О  Д  Г  О  Т  О  В  К  А  Г  Ы  А  Н
Ф  Ш  Ю  П  Д  И  Ю  Д  К  Ф  К  О  Т  К
Ы  Ц  Л  О  Ы  М  С  И  Т  А  Е  Г  Р  И
Х  Г  Н  И  П  М  Е  К  У  А  Р  В  Ы  А
Ц  Л  Ю  П  А  А  Т  И  Б  Д  Е  Т  Ф  М
Ф  Л  Ъ  Р  Е  С  У  Й  В  О  П  О  А  Ч
Ж  И  В  О  Т  Н  Ы  Е  О  Г  А  К  Я  К
Т  Я  Ж  Е  Л  Ы  Й  А  Д  О  Р  И  Р  П
Е  Е  Ц  Ц  Р  Л  О  Ж  А  П  К  Н  У  Б
О  Р  И  Е  Н  Т  А  Ц  И  Я  И  Ь  Ч  Ц
```

КЕМПИНГ	ОРИЕНТАЦИЯ
ЖИВОТНЫЕ	ПАРКИ
ВОДА	КАМНИ
БОТИНКИ	УТЕС
УСТАЛЫЙ	ОПАСНОСТИ
КЛИМАТ	ТЯЖЕЛЫЙ
САММИТ	ПОДГОТОВКА
КАРТА	ДИКИЙ
ГОРА	СОЛНЦЕ
ПРИРОДА	ПОГОДА

47 - Beleza

П	Н	О	Ж	Н	И	Ц	Ы	Л	М	О	О	К	Э
Щ	О	З	Е	Р	К	А	Л	О	А	Б	Ч	О	Л
Б	П	М	Т	Ь	Т	Н	Ь	Т	С	Ъ	А	С	Е
Н	Д	Т	А	М	О	Р	А	Т	Л	Ъ	Р	М	Г
Ц	В	Е	Т	Д	Х	Ш	М	Ф	А	Т	О	Е	А
В	Ш	У	Ц	Б	А	Т	В	М	Т	Д	В	Т	Н
Ш	А	Ш	П	Р	О	Д	У	К	Т	Ы	А	И	Т
С	М	Ъ	Й	Ъ	Ч	Ь	Ы	Я	С	Х	Н	К	Н
К	П	К	И	К	Ф	Ю	А	Д	И	Т	И	А	О
У	У	О	К	Т	Ж	Ч	Ф	Т	Л	Ц	Е	Б	С
Д	Н	Ж	Д	Л	Ы	Щ	Д	Ц	И	Ь	А	Я	Т
Р	Ь	А	А	Ъ	О	Г	Ф	Ъ	Т	Ь	А	Р	Ь
И	Г	У	Л	С	У	И	Ш	Н	С	Е	Н	Х	Г
Э	Л	Е	Г	А	Н	Т	Н	Ы	Й	Л	Ю	Е	Д

ПОМАДА
КУДРИ
ОЧАРОВАНИЕ
ЦВЕТ
КОСМЕТИКА
ЭЛЕГАНТНЫЙ
ЭЛЕГАНТНОСТЬ
ЗЕРКАЛО
СТИЛИСТ

АРОМАТ
ГРАЦИЯ
МАСЛА
КОЖА
ПРОДУКТЫ
УСЛУГИ
ГЛАДКИЙ
НОЖНИЦЫ
ШАМПУНЬ

48 - Água

```
Н  Б  С  Ч  Ц  Д  К  Д  Ч  Г  А  Е  Ш  Я
О  А  К  Е  Р  А  П  А  Щ  Ф  Ю  П  Н  Ь
А  Ъ  В  М  Ц  Ь  Ж  А  Н  Ю  Г  В  М  Ц
Ь  Т  С  О  Н  Ж  А  Л  В  А  Д  Я  Л  О
Н  Ч  Ч  Ц  Д  Е  Л  П  Л  Я  Л  Я  Ф  К
Л  Ы  М  Е  И  Н  Е  Р  А  П  С  И  В  Е
Ю  Ч  У  П  Д  М  Е  С  Н  Е  Г  О  Д  А
Щ  Д  С  Щ  И  Я  Ш  Н  О  О  У  Р  О  Н
Ш  У  С  Р  Я  Т  И  Х  И  Р  Л  О  Ж  Г
Ш  Д  О  Д  У  Ш  Ь  Я  Ш  Е  Щ  Ш  Д  М
Е  Ф  Н  Ж  Д  П  Ю  Е  А  З  П  Е  Ь  О
В  О  Л  Н  Ы  Ы  Т  Ц  В  О  Д  Н  И  Р
К  П  У  Р  А  Г  А  Н  Р  О  Я  И  Д  О
Г  Е  Й  З  Е  Р  Г  Щ  Л  Ь  Й  Е  Ж  З
```

КАНАЛ	ОЗЕРО
ДОЖДЬ	МУССОН
ДУШ	СНЕГ
ИСПАРЕНИЕ	ОКЕАН
УРАГАН	ВОЛНЫ
МОРОЗ	ПИТЬЕВОЙ
ЛЕД	РЕКА
ГЕЙЗЕР	ВЛАЖНОСТЬ
НАВОДНЕНИЕ	ПАР
ОРОШЕНИЕ	

49 - Filantropia

```
Ы  М  М  А  Р  Г  О  Р  П  Ф  Ъ  Н  В  Д
Т  О  Г  Й  Ы  Н  Ь  Л  А  Б  О  Л  Г  Е
К  Л  Р  Ц  Л  Ю  Д  И  Ъ  Ц  Ч  Н  Ц  Т
А  О  У  У  Ш  Р  Х  Ч  О  Е  Е  П  Д  И
Т  Д  П  Ц  Ф  У  Х  Д  В  Л  Л  Р  О  Ы
Н  Е  П  Н  У  Ж  Н  О  Т  И  О  О  С  С
О  Ж  Ы  Б  Ф  Р  К  Н  С  Л  В  Б  Н  Н
К  Ь  Т  С  О  Н  Т  С  Е  Ч  Е  Л  Х  А
М  И  С  С  И  Я  Т  Х  Щ  О  Ч  Е  Г  Н
Г  Л  Б  С  Ю  Ц  Х  Г  Б  Ю  Е  М  Ю  И
О  Г  Ю  А  Р  Г  Ы  П  О  У  С  Ы  П  Ф
Щ  Е  Д  Р  О  С  Т  Ь  О  К  Т  О  Д  Ю
Х  В  Д  Р  М  Ь  И  Ъ  С  Г  В  Я  К  У
Ю  Р  Ж  Ь  Н  Ж  П  Я  И  Р  О  Т  С  И
```

СООБЩЕСТВО	ИСТОРИЯ
КОНТАКТЫ	ЧЕСТНОСТЬ
ДЕТИ	ЧЕЛОВЕЧЕСТВО
ПРОБЛЕМЫ	МОЛОДЕЖЬ
ФИНАНСЫ	МИССИЯ
ФОНДЫ	НУЖНО
ЩЕДРОСТЬ	ЦЕЛИ
ГЛОБАЛЬНЫЙ	ЛЮДИ
ГРУППЫ	ПРОГРАММЫ

50 - Família

П	Н	И	В	Б	Ф	Ч	К	А	Ъ	Е	П	У	М
С	Л	У	Ж	У	Х	В	Б	Л	Ю	В	Л	А	А
Ц	П	Е	У	Х	Ы	У	Я	С	Ж	У	Е	Ч	Т
Ш	Д	Х	М	А	К	Ш	У	Б	А	Б	М	Щ	Е
О	Е	Е	И	Я	У	Щ	Р	Л	Я	Д	Я	Д	Р
Б	Д	Щ	Т	О	Н	И	С	Я	Ч	К	Н	Й	И
Д	С	Ф	Е	С	В	Н	Ь	П	Ц	О	Н	И	Н
Ю	Я	Щ	Д	Ц	Т	Б	И	В	Р	Н	И	К	С
Б	Р	А	Т	Е	Ю	В	Е	Ц	Т	Е	К	С	К
Х	Д	В	О	Ь	Д	Р	О	Е	А	Б	Д	В	И
Ж	А	Ж	Т	А	А	А	Р	Т	С	Е	С	О	Й
Щ	И	Т	Е	Т	Я	Н	Е	О	О	Р	С	Ц	К
Ч	Ц	Г	Н	Т	О	Е	Ф	Ж	Х	Н	С	Т	Ц
М	А	Т	Ь	Ю	Б	Ж	Т	Р	Л	Ь	Ч	О	Д

ПРЕДОК	МУЖ
БАБУШКА	МАТЕРИНСКИЙ
ДЕД	МАТЬ
РЕБЕНОК	ВНУК
ДЕТИ	ОТЕЦ
ЖЕНА	ОТЦОВСКИЙ
ДОЧЬ	ПЛЕМЯННИЦА
ДЕТСТВО	ПЛЕМЯННИК
СЕСТРА	ТЕТЯ
БРАТ	ДЯДЯ

51 - Férias #2

```
Г Ъ Г М П А Л А Т К А Л П У
Ш Г К О У Н А Ц С П И Ч А Ш
Ф Ъ Т Р О П С Н А Р Т П С М
О П Ц Е Н А Р Т С О Н И П Б
Т М Л П Р А З Д Н И К У О У
О Р Г Я Г Т Б Л С М Ж О Р О
Х Е Т К Ж Р У О Т Е Л Ь Т С
Л С Ц А Н А Д О С У Г Ц Р Т
Ч Т К З К К Ж Ф Я Л Г К Ф Р
А О С И У С У О Х Г Я О О О
У Р Ш В Г Н И П М Е К С Р В
Е А П У Т Е Ш Е С Т В И Е Ы
К Н Б Р О Н И Р О В А Н И Е
А Э Р О П О Р Т Д П И О Ж Щ
```

КЕМПИНГ	ГОРЫ
АЭРОПОРТ	ПАСПОРТ
ИНОСТРАНЕЦ	ПЛЯЖ
ПРАЗДНИК	БРОНИРОВАНИЕ
ФОТО	РЕСТОРАН
ОТЕЛЬ	ТАКСИ
ОСТРОВ	ПАЛАТКА
ДОСУГ	ТРАНСПОРТ
КАРТА	ПУТЕШЕСТВИЕ
МОРЕ	ВИЗА

52 - Edifícios

```
О  Н  И  К  Ч  Д  Ц  Щ  Е  П  Ц  Н  С  Р
Д  Б  Л  А  Б  О  Р  А  Т  О  Р  И  Я  Б
У  Л  С  Й  А  В  Ч  У  Г  К  П  Ъ  Н  О
Ы  М  П  Е  А  А  М  Б  А  Р  Щ  Е  Ш  Л
В  Р  Ф  З  Р  З  Е  Е  О  В  Ь  Д  А  Ь
Л  Ь  Е  У  И  В  О  А  М  Ж  Ю  П  Б  Н
К  П  Р  М  Т  А  К  Т  А  Л  А  П  И
О  Ю  М  Ы  Р  Ь  Л  Т  Ч  М  Е  А  С  Ц
М  Т  А  Я  А  Я  О  Г  О  Щ  И  Г  Т  А
А  Ф  Е  А  В  Б  К  Ю  А  Р  М  Ф  А  А
З  Л  Е  Л  К  Ч  Ш  Ф  У  Р  И  Ъ  Д  К
Ы  О  Т  Р  Ь  Т  Е  А  Т  Р  А  Я  И  А
П  О  С  О  Л  Ь  С  Т  В  О  Ы  Ж  О  Н
С  У  П  Е  Р  М  А  Р  К  Е  Т  Н  Н  Г
```

КВАРТИРА	БОЛЬНИЦА
ЗАМОК	ОТЕЛЬ
АМБАР	ЛАБОРАТОРИЯ
КИНО	МУЗЕЙ
ПОСОЛЬСТВО	ОБСЕРВАТОРИЯ
ШКОЛА	СУПЕРМАРКЕТ
СТАДИОН	ТЕАТР
ФЕРМА	ПАЛАТКА
ЗАВОД	БАШНЯ
ГАРАЖ	

53 - Xadrez

```
Ж Ч Ч Е Р Н Ы Й П М Ф Л Ь Ш
С Е Е Ч Ш Ь Ь Ц А Д К Е Щ Р
Т Т Р М Ж А Т Т С Г О Ш Щ Ж
Р У К Т П Ь О Ч С В Р Е М Я
А Р О М В И Ц У И Р Г Ш Я Ц
Т Н Н Ш Ш А О Х В К И С Ш Ъ
Е И К У Х О Н Н Н Б Х Т Ч Н
Г Р У Ж Ц П Б Н Ы Л Б П И Ъ
И Ь Р Ц В П Ч Е Й И Г Р А С
Я Л С К С О Щ А Л И В А Р П
Т О Ч К И Н Б Г Г Ы Г К Н Х
А Р Н П Л Е У Щ У Л Й П Л Д
Л О Ь Л А Н О Г А И Д Х Ь С
Ц К Г Л О Т П Р О Б Л Е М Ы
```

БЕЛЫЙ	ПАССИВНЫЙ
ЧЕМПИОН	ТОЧКИ
КОНКУРС	ЧЕРНЫЙ
ПРОБЛЕМЫ	ПРАВИЛА
ДИАГОНАЛЬ	КОРОЛЬ
СТРАТЕГИЯ	ЖЕРТВА
ИГРОК	ВРЕМЯ
ИГРА	ТУРНИР
ОППОНЕНТ	

54 - Aventura

```
Е  Н  Э  Н  Т  У  З  И  А  З  М  Т  П  Д
И  С  Е  Я  Б  Ь  Т  С  О  Д  А  Р  О  Е
Ф  Т  Ш  О  Э  Б  И  П  П  Е  Н  У  Д  Я
Е  Р  О  Н  Б  К  Ц  Р  И  Ъ  В  Д  Г  Т
Ш  Р  Н  Ю  Я  Ы  С  Т  А  Ч  Ю  Н  О  Е
Ц  Е  Щ  П  Ц  У  Ч  К  И  О  Н  О  Т  Л
Й  Ф  Ж  А  Ш  Я  Р  Н  У  Д  Н  С  О  Ь
Е  Ы  Ф  Х  П  Л  Ч  Е  Ы  Р  Х  Т  В  Н
Н  А  В  И  Г  А  Ц  И  Я  Й  С  Ь  К  О
Ц  А  Т  О  С  А  Р  К  Ь  Р  П  И  А  С
Ш  А  Н  С  Н  Щ  Е  Ы  З  Т  Р  А  Я  Т
П  Р  О  Б  Л  Е  М  Ы  У  Ж  Ъ  О  Б  Ь
Ъ  А  Ж  С  Ь  Т  С  О  Р  Б  А  Р  Х  К
О  П  А  С  Н  Ы  Й  А  Д  О  Р  И  Р  П
```

РАДОСТЬ	ЭНТУЗИАЗМ
ДРУЗЬЯ	ЭКСКУРСИЯ
ДЕЯТЕЛЬНОСТЬ	НЕОБЫЧНЫЙ
КРАСОТА	ПРИРОДА
ХРАБРОСТЬ	НАВИГАЦИЯ
ШАНС	НОВЫЙ
ПРОБЛЕМЫ	ОПАСНЫЙ
ТРУДНОСТЬ	ПОДГОТОВКА

55 - Floresta Tropical

```
С  А  М  Ф  И  Б  И  И  П  В  Х  Б  М  М
О  Ш  О  Б  Л  А  К  А  Б  Ч  М  О  Ю  Р
О  В  У  Е  У  Б  Е  Ж  И  Щ  Е  Т  М  А
Б  Ы  В  И  С  Г  Ъ  Ш  У  Г  К  А  Ф  Ъ
Щ  Ж  А  Н  Т  Ъ  Я  П  Л  Х  О  Н  В  П
Е  И  Ж  Е  А  П  Ц  А  Ъ  Ц  Д  И  В  Р
С  В  Е  Н  М  С  Ь  Ы  В  Е  П  Ч  О  И
Т  А  Н  А  И  М  Е  Д  А  Н  Т  Е  Ц  Р
В  Н  И  Р  Л  Ж  О  К  П  О  И  С  Е  О
О  И  Е  Х  К  С  Ц  Ш  О  Д  Ц  К  Н  Д
О  Е  Б  О  Ь  О  П  Б  С  М  Ы  И  Н  А
О  Ь  Ц  С  И  Ъ  Г  Ж  П  Р  Ы  Й  Ы  Щ
Д  Ж  У  Н  Г  Л  И  Я  Ф  К  В  Е  Й  Г
М  Л  Е  К  О  П  И  Т  А  Ю  Щ  И  Е  Я
```

АМФИБИИ	ОБЛАКА
БОТАНИЧЕСКИЙ	ПТИЦЫ
КЛИМАТ	СОХРАНЕНИЕ
СООБЩЕСТВО	УБЕЖИЩЕ
ВИД	УВАЖЕНИЕ
НАСЕКОМЫЕ	ДЖУНГЛИ
МЛЕКОПИТАЮЩИЕ	ВЫЖИВАНИЕ
МОХ	ЦЕННЫЙ
ПРИРОДА	

56 - Cidade

```
К  М  В  Г  Г  Ш  Ю  А  Т  Т  Д  Ь  Д  П
И  О  У  Д  Д  О  Ш  Я  Е  Р  Е  Л  А  Г
Н  А  Н  З  Х  Х  Л  О  А  Ъ  Ы  Е  И  Л
О  Э  А  Ы  Е  Я  Ш  А  Т  У  М  Т  Б  Ц
З  Р  Р  О  Р  Й  Ь  П  Р  Х  М  О  Р  К
О  О  О  Ы  А  К  Е  Т  О  И  Л  Б  И  Б
О  П  Т  Л  О  Н  М  Е  С  С  А  Л  О  Н
П  О  С  Ч  Н  А  Ь  К  С  И  М  С  И  Н
А  Р  Е  Б  А  Б  У  А  Б  В  Р  Н  В  Ф
Р  Т  Р  У  М  У  Л  Щ  Р  Ф  О  Ц  Х
К  Ф  С  Т  А  Д  И  О  Н  Ы  Б  Г  Л  Ю
Я  Б  Р  Ж  М  У  А  К  И  Н  И  Л  К  Ф
П  Е  К  А  Р  Н  Я  Ш  И  Т  Ж  Ж  С  Р
С  У  П  Е  Р  М  А  Р  К  Е  Т  У  Л  Ф
```

АЭРОПОРТ	ОТЕЛЬ
БАНК	ЗООПАРК
БИБЛИОТЕКА	РЫНОК
КИНО	МУЗЕЙ
КЛИНИКА	ПЕКАРНЯ
ШКОЛА	РЕСТОРАН
СТАДИОН	САЛОН
АПТЕКА	СУПЕРМАРКЕТ
ФЛОРИСТ	ТЕАТР
ГАЛЕРЕЯ	

57 - Música

```
Ъ Р Ы К Ы Ы Ъ Б Т В О К А Л
Я И Д О Л Е М Д А Е Х О Р А
Ы Т Ю Л Б С Т П Р Л М Ч К Ю
Х М Д С А Х Р Х И К Л П Р Ы
И Н Ъ К М Ц О О Т Щ Х А П Т
З А П И С Ь Л П М Я О Ъ Д Н
П Щ Л Г Р Ь Р Е И П Е Т Ь А
Е Д Ч Ю А Ц Ф Р Ч М О П Т К
В Г Ж Х Ф Р О А Н Г И О Я Ы
Е П Щ Ф С Ш М Ч Ы Г Т Э Щ З
Ц Х Ш Х К Ц Ы О Й Ъ Ц Т Ж У
М И К Р О Ф О Н Н А Ш И А М
А Л Ь Б О М Б Т Щ И Т К Г Ж
И Н С Т Р У М Е Н Т Я А Т Ъ
```

АЛЬБОМ	МИКРОФОН
БАЛЛАДА	МУЗЫКАНТ
ПЕТЬ	ОПЕРА
ПЕВЕЦ	ПОЭТИКА
ХОР	РИТМ
ЗАПИСЬ	РИТМИЧНЫЙ
ГАРМОНИЯ	ТЕМП
ИНСТРУМЕНТ	ВОКАЛ
МЕЛОДИЯ	

58 - Matemática

```
С И М М Е Т Р И Я Н П Р Я О
Ф Р А К Ц И Я Ы Д О Ы Т И Ш
Д П Ы К И Н Ь Л О Г У Е Р Т
И Д Л Т И Е Г Г И Ч М Т Н
А С Ш О А Т Ф У Е Л И И Е Е
М У Я Р Щ Л Е Я В О С Р М Н
Е И Р Р П А К М Ь П Л Е О О
Т Д Ф А Ы Ь Д О Ф Г А П Е П
Р А Т Ъ В П И Ь Н И Д Ш Г С
Д Р Ф Щ С Н Щ Б Ы Ц Р И С К
О Б Ъ Е М М Е Ф К Ч Ъ А У Э
Ш К Ъ Ю В Ъ Ю Н Ф Х Т П М У
Б Ю Г Е О С Ж М И Е Ш Н М Ж
П А Р А Л Л Е Л Ь Е У Ю А Х
```

АРИФМЕТИКА	ПЕРИМЕТР
УГЛЫ	ПОЛИГОН
ДИАМЕТР	ПЛОЩАДЬ
УРАВНЕНИЕ	РАДИУС
ЭКСПОНЕНТ	СИММЕТРИЯ
ФРАКЦИЯ	СУММА
ГЕОМЕТРИЯ	ТРЕУГОЛЬНИК
ЧИСЛА	ОБЪЕМ
ПАРАЛЛЕЛЬ	

59 - Saúde e Bem Estar #1

```
П Д О Л О Г А К Ч Ы В И Р П
И Е И Ъ Е П П О Ч Д Ь Т К Ф
И Ю Р Х Д Ч Ъ Ж Ь А Д И Л Ю
Р Г М Е Щ Ь Е А К И Н И Л К
Е А Я Ч Л Ю Ы Н О М Р О Г Р
Т У Д А З О П П И Ж П Ы Т Е
К Ы В Р Е Н М Л П Е Н Е Х Я
А О Щ В Б М Е Д И Ц И Н А Р
Б Б С А П Т Е К А Т О С Ы В
Я Г Л Т Р Е Ф Л Е К С П Ч В
Ч С И О И А К Т И В Н Ы Й И
Е Р Е Л А К С А Ц И Я Е Ь Р
Ч Х Я Б П Т Е Р А П И Я С У
Г Я П П Ф Л К Б Н Я Л П И С
```

ВЫСОТА	МЕДИЦИНА
АКТИВНЫЙ	НЕРВЫ
БАКТЕРИИ	КОСТИ
КЛИНИКА	КОЖА
ВРАЧ	ПОЗА
АПТЕКА	РЕФЛЕКС
ГОЛОД	РЕЛАКСАЦИЯ
ПЕРЕЛОМ	ТЕРАПИЯ
ПРИВЫЧКА	ЛЕЧЕНИЕ
ГОРМОНЫ	ВИРУС

60 - Natureza

```
Д  Й  И  Х  М  Ш  М  П  Ч  Е  Л  Ы  Л  П
А  И  Я  Щ  И  Я  И  З  О  Р  Э  К  К  Т
Р  К  Н  Н  С  Х  Р  У  К  Р  Ы  Т  И  Е
К  И  Ы  А  М  Щ  Н  О  Т  Я  Ы  Б  Н  Щ
Т  Д  Т  Т  М  Ш  Ы  К  Б  Ь  Л  П  Д  И
И  Ж  С  О  Б  И  Й  И  К  Л  Ю  У  Е  Л
Ч  Ы  У  С  Е  Л  Ч  Н  Ч  М  А  И  Л  И
Е  Ц  П  А  О  Ш  Ы  Е  И  Х  Я  К  Ц  Т
С  Н  Ъ  Р  Т  А  В  Т  С  И  Л  Щ  А  Я
К  Н  Ж  К  Ж  У  Ю  Ц  Я  К  Ф  П  Щ  В
И  Н  Б  Ъ  Г  Ю  М  Р  Щ  Ы  И  А  Ы  С
Й  А  Ъ  П  О  П  Щ  А  М  Ч  П  Й  Ъ  Ь
Ю  О  Б  Ю  Р  П  Ч  И  Н  Р  Е  К  А  Б
А  Д  Л  Е  Ы  Н  Т  О  В  И  Ж  А  М  А
```

ПЧЕЛЫ	ЛИСТВА
УКРЫТИЕ	ЛЕДНИК
ЖИВОТНЫЕ	ГОРЫ
АРКТИЧЕСКИЙ	ТУМАН
КРАСОТА	ОБЛАКА
ПУСТЫНЯ	МИРНЫЙ
ДИНАМИЧЕСКИЙ	РЕКА
ЭРОЗИЯ	СВЯТИЛИЩЕ
ЛЕС	ДИКИЙ

61 - A Empresa

```
Г И Р Й И К С Е Ч Р О В Т К
И П Е Р З Е Д И Н И Ц Ы Е Ф
К Н С М Е А Ь У Ш Ч И М Н Х
Б Л У В Д Ш Н Г И У И В Д Б
И Ь Р И Ы М Е Я Л М Ц Ч Е Ч
З Н С Г Р Р Ы Н Т К И У Н Р
Н П Ы Р И С К И И О Т О Ц Е
Е Д О Х О Д Х Ф Ы Е С В И П
С С Е Р Г О Р П Ы Т Е Т И У
Г Л О Б А Л Ь Н Ы Й В С Ь Т
Ц В Ц П С Ч Ш Х Щ Ц Н Е Ы А
Ж Х Л Д Ж Г Ь Ф Г К И Ч Р Ц
Н К П Р О Д У К Т Ж Л А Ж И
В О З М О Ж Н О С Т Ь К Щ Я
```

ТВОРЧЕСКИЙ	ПРОГРЕСС
РЕШЕНИЕ	КАЧЕСТВО
ЗАНЯТОСТЬ	ДОХОД
ГЛОБАЛЬНЫЙ	РЕСУРСЫ
ИНВЕСТИЦИИ	РЕПУТАЦИЯ
БИЗНЕС	РИСКИ
ВОЗМОЖНОСТЬ	ТЕНДЕНЦИИ
ПРОДУКТ	ЕДИНИЦЫ

62 - Aviões

П	А	С	С	А	Ж	И	Р	М	Д	П	М	А	В
Б	Х	Щ	Б	Ь	Л	Е	Т	А	Г	И	В	Д	О
П	С	П	У	С	К	Д	О	О	И	Щ	М	О	Д
В	Р	Е	Ч	Н	Я	Е	Л	Ь	П	П	Д	Г	О
Ч	Я	И	Р	О	Т	С	И	Т	М	Л	Ю	О	Р
Ц	Г	Т	К	П	Ш	Ф	П	А	Ю	Ы	И	П	О
Ц	П	Е	Б	Л	Ы	С	Я	В	М	Щ	Х	В	Д
П	Л	Ы	Ц	Т	Ю	Щ	Х	У	Д	З	О	В	О
Е	О	А	Д	Я	Ф	Ч	Я	Д	П	Б	Ц	Д	Т
Ф	Ю	С	Р	М	О	Х	Е	А	Т	О	С	Ы	В
Т	Ф	М	А	Щ	Б	И	С	Н	Ю	О	Д	В	И
Н	У	У	М	Д	И	А	Е	Ю	И	Б	В	Х	Е
А	Ь	Х	А	Ы	К	Г	Г	Ь	Ф	Е	Ы	А	П
Е	И	Н	Е	Л	В	А	Р	П	А	Н	Г	У	Х

ВЫСОТА
ВОЗДУХ
ПОСАДКА
ПРИКЛЮЧЕНИЕ
НЕБО
ТОПЛИВО
СПУСК
НАПРАВЛЕНИЕ

ВОДОРОД
ИСТОРИЯ
НАДУВАТЬ
ДВИГАТЕЛЬ
ПАССАЖИР
ПИЛОТ
ПОГОДА

63 - Tipos de Cabelo

```
Ц Б Т Ц Й С Е Р Е Б Р О С Ч
В А У О Ы Б Е Л Ы Й П Щ Е Е
Е А Ф Д Н Ш Ч Д М Л К Р Р Р
Т Ы Й Н Е К Х Ч Я Ш Ш И Ы Н
Н Ш Ы Ю Т Н И Ш Г Ч О Ь Й Ы
О Щ Т Б Е А Ч Й К К О С Ы Й
Й Ы С Ы Л Я П Н И Д Н О Л Б
Ц Ч Л Ж П Е О П Й С У Х О Й
З Д О Р О В Ы Й Х У Я Ю П Я
Е Р Т Ш К У Д Р Я В Ы Й Ж Ь
Я П Б Н Б Л Е С Т Я Щ И Й Ф
Ц А В Я Н Б К О Р О Т К А Я
К О Р И Ч Н Е В Ы Й Я Я М Л
Д Л И Н Н Ы Й К У Д Р И Я Щ
```

БЕЛЫЙ	БЛОНДИН
БЛЕСТЯЩИЙ	ДЛИННЫЙ
КУДРИ	КОРИЧНЕВЫЙ
ЛЫСЫЙ	СЕРЕБРО
СЕРЫЙ	ЧЕРНЫЙ
ЦВЕТНОЙ	ЗДОРОВЫЙ
КОРОТКАЯ	СУХОЙ
КУДРЯВЫЙ	МЯГКИЙ
ТОНКИЙ	ПЛЕТЕНЫЙ
ТОЛСТЫЙ	КОСЫ

64 - Formas

```
П Щ Ю Л Ш Ч Л К Х Ш Я Г П Р
Т Л Н Б И Ь С У Н О К Н Р С
Р Н О Т Д Ч К Б Л Ю Н Ж Я Т
Е И Г Щ В Д Р В И Ъ Щ Б М О
У Д И Щ А Л У В Щ Г М А О Р
Г Н Л Т И Д Г Я А Ъ З Д У О
О Л О А Д О Ь Д У Г А И Г Н
Л Ъ П С Ф Е Р А Т Х Л М О А
Ь Н Н П Ъ Ю М Д Ш Я У А Л М
Н Е Ф И У Г О Л Н А Х Р Ь З
И У А Л О Б Р Е П И Г И Н И
К Г Г Л Ы А У Н Ф Ъ Л П И Р
Д Ы Ж Э Л И Н И Я Б Щ И К П
О В А Л Ь Н Ы Й Я К П П Ц Е
```

ДУГА	СТОРОНА
УГОЛ	ЛИНИЯ
ЦИЛИНДР	ОВАЛЬНЫЙ
КРУГ	ПИРАМИДА
КОНУС	ПОЛИГОН
КУБ	ПРИЗМА
ИЗГИБ	ПЛОЩАДЬ
ЭЛЛИПС	ПРЯМОУГОЛЬНИК
СФЕРА	ТРЕУГОЛЬНИК
ГИПЕРБОЛА	

65 - Dias e Meses

```
П Ъ Т С Т С У Г В А М Я Н Б
В О М В Ь Щ Ь Б В Ц Е Ф Я Ч
О Д Н Л Р Н Н Н П И С Б Л Ш
С П Ф Е А Ч Ъ Е Ы Н Я Ч Е Х
К Ч Е Н Д О Г У Г Т Ц Е Д Р
Р Е В О Н Е Ь Р Б Я Т Н Е С
Е Т Р Я Е Ф Л С Н П И Ч Н Т
С В А Б Л К Е Ь Р А В Н Я К
Е Е Л Р А У Р И Н Б Ь А Ы И
Н Р Ь Ь К Ц П Л У И Ь У О Ю
Ь Г Г Ь Р Б А К Е Д К Ю С Л
Е Ш П Т Ь Е А И Ю Н Ь Ч Ь Ь
Ш Ц Л Ъ Ц Х О К Т Я Б Р Ь Ш
К Т Ч С У Б Б О Т А Я Ч С Х
```

АПРЕЛЬ	МЕСЯЦ
АВГУСТ	НОЯБРЬ
ГОД	ОКТЯБРЬ
КАЛЕНДАРЬ	ЧЕТВЕРГ
ДЕКАБРЬ	СУББОТА
ВОСКРЕСЕНЬЕ	ПОНЕДЕЛЬНИК
ФЕВРАЛЬ	НЕДЕЛЯ
ЯНВАРЬ	СЕНТЯБРЬ
ИЮЛЬ	ПЯТНИЦА
ИЮНЬ	

66 - Saúde e Bem Estar #2

```
О Б Д Я К А Л О Р И Я А О Г
Б О М И Б О Л Ь Н И Ц А Б Е
Е Л А Г Е Г У Г О И Ч Ч Ф Н
З Е С Р Ц Т Д Щ Ы П О Р Б Е
В З С Е Т Я А Т Е Л О В Ы Т
О Н А Л Я З Д О Р О В Ы Й И
Ж Ь Ж Л Э Н Е Р Г И Я А И К
И М М А А П П Е Т И Т Н Н А
В Н А С Т Р О Е Н И Е А Ф Н
А Т П Ж Д Ь Ф Т Ц У Б Т Е Е
Н Б Х Т О У В Е С Р К О К И
И Б У Ж Ы Б Г О О Н О М Ц Г
Е В И Т А М И Н Р О Р И И И
Д Н Ж В Р Т П М Ф К Б Я Я Г
```

АЛЛЕРГИЯ	ГИГИЕНА
АНАТОМИЯ	БОЛЬНИЦА
АППЕТИТ	НАСТРОЕНИЕ
КАЛОРИЯ	ИНФЕКЦИЯ
ТЕЛО	МАССАЖ
ОБЕЗВОЖИВАНИЕ	ВЕС
ДИЕТА	КРОВЬ
БОЛЕЗНЬ	ЗДОРОВЫЙ
ЭНЕРГИЯ	ВИТАМИН
ГЕНЕТИКА	

67 - Geografia

```
О  Г  М  В  Ы  С  О  Т  А  Ш  М  К  Щ  А
Р  Е  Г  И  О  Н  А  И  Д  И  Р  Е  М  Т
З  А  П  А  Д  О  Р  О  Г  Р  И  Ы  Ш  Л
П  О  Л  У  С  Ф  Е  Р  А  О  М  Т  Б  А
И  Ц  У  Ъ  Т  Н  Е  Н  И  Т  Н  О  К  С
С  Е  В  Е  Р  А  С  О  Ф  А  Г  Ш  Л  Е
Б  Ш  С  Л  А  Т  Р  А  К  М  А  Ж  Г  Д
М  И  Ж  А  Ы  Ф  Ш  О  М  Е  Н  Я  Я  М
И  Ъ  Ф  Р  Щ  А  Ь  Ю  Г  О  А  Д  Щ  А
Б  С  В  Д  О  Ш  Х  Ц  Л  Ь  Р  Н  Ъ  Р
О  С  Т  Р  О  В  Г  Ы  К  Ш  Т  Е  Ф  Ю
Т  Е  Р  Р  И  Т  О  Р  И  Я  С  Ъ  Ю  О
Ь  У  Я  С  Ь  Н  Т  У  Ж  Ъ  К  Ф  Ъ  П
Я  Х  Ж  О  Ч  Р  Е  К  А  Е  Л  Ю  Ч  М
```

ВЫСОТА
АТЛАС
ГОРОД
КОНТИНЕНТ
ПОЛУСФЕРА
ОСТРОВ
ШИРОТА
КАРТА
МОРЕ
МЕРИДИАН

ГОРА
МИР
СЕВЕР
ОКЕАН
ЗАПАД
СТРАНА
РЕГИОН
РЕКА
ЮГ
ТЕРРИТОРИЯ

68 - Antártica

```
П Ж У О Й Ы Т С И Л А К С М
О Щ Щ Е А Ф П Ц Ц Ж Н Н О И
Л Э К С П Е Д И Ц И Я А Х Г
У К О К Г Б О Е Д Д Р У Р Р
О И С О Е У Ы Д Л Ц Г Ч А А
С Т Т Н О Х Ы О Г Ж Д Н Н Ц
Т Ы Р Т Г Т О Б Г Д Ъ Ы Е И
Р Н О И Р О Е Ч Б Т Д Й Н Я
О И В Н А Ч Ы Л А Р Е Н И М
В В А Е Ф К О Д Ъ Ч В Я Е П
И Г Н Н И А К П Л Е Г О Д Н
Л Н Т Т Я Л Е Д Н И К И Д Б
А И Т Е М П Е Р А Т У Р А А
З П Т О П О Г Р А Ф И Я Ю А
```

ВОДА	ГЕОГРАФИЯ
ЗАЛИВ	ОСТРОВА
КИТЫ	МИГРАЦИЯ
НАУЧНЫЙ	МИНЕРАЛЫ
СОХРАНЕНИЕ	ПОЛУОСТРОВ
КОНТИНЕНТ	ПИНГВИНЫ
БУХТОЧКА	СКАЛИСТЫЙ
ЭКСПЕДИЦИЯ	ТЕМПЕРАТУРА
ЛЕДНИКИ	ТОПОГРАФИЯ
ЛЕД	

69 - Flores

```
В С Я П С У К С И Б И Г С У
П К И Ь О Н Е М Ж Ж Н А Ъ К
Т И Л К К Д Н И А М Е Р Л Г
Ю Ч О Ъ А Ж С Я Т К Д Д Е Б
Л Н Н Н Л К Р О Г Ы Т Е П С
Ь А Г Т Е К У Б Л Ю П Н Е И
П В А К Н Ц Ф К К Н У И С Р
А У М Т Д Ю Е Б Ъ П У Я Т Е
Н Д Д Р У Ж И М Н М Р Х О Н
Л О Я Г Л О Р Х И Д Е Я К Ь
И Т В К А Ю Ц О М Б В П В Х
Л Р О З А И Ш Ю С Ф Е Б Х Г
И Л А В А Н Д А А Ю Л Т Б Щ
Я И Р Е М Ю Л П Ж Р К Щ Ь Я
```

БУКЕТ	МАГНОЛИЯ
КАЛЕНДУЛА	ОРХИДЕЯ
ОДУВАНЧИК	МАК
ГАРДЕНИЯ	ПИОН
ПОДСОЛНУХ	ЛЕПЕСТОК
ГИБИСКУС	ПЛЮМЕРИЯ
ЖАСМИН	РОЗА
ЛАВАНДА	КЛЕВЕР
СИРЕНЬ	ТЮЛЬПАН
ЛИЛИЯ	

70 - Fazenda #1

```
С Л А Ф Я Н Т О С О Ж Т Г И
Р К З П Л Ь А Д О В Ц Ж Ю Х
У Д О Б Р Е Н И Е С П В Ы Е
Ш Н К Ь О Ж О И А В О Р О К
Ф О Ь Е Б Ч Р К В У Л Е С О
Ю Т А К А Б О С У С Е В О К
Щ Т Ч Е З Н В К О Р Г А К Ы
Ц Г Н Ь Л Б Р Ж Р С И Ч Я Ь
Т Е Л Е Ц З Е М Л Я Т Ц А Д
Д Р Щ П Р Ж П С А К П А А А
Г Ъ Б С Е Н О И Ы П Ч К Д Ш
У И У В Г В В У Ф В Е Ш Ы О
С М Е Д Р И С Ц Ч У Л О И Л
Ф Б Ф А С Ю У В Я Е А К Т Н
```

ПЧЕЛА	ВОРОНА
РИС	СЕНО
ВОДА	УДОБРЕНИЕ
ТЕЛЕЦ	КУРИЦА
ОСЕЛ	КОШКА
КОЗА	МЕД
ПОЛЕ	СВИНЬЯ
ЛОШАДЬ	СТАДО
СОБАКА	ЗЕМЛЯ
ЗАБОР	КОРОВА

71 - Livros

```
Щ Ю С Ь А К С Л О В А Х Ж С
Л Ь Я Щ О Е О Е Н Ь Е Ь Щ Т
Ш Б Ш П Я Й Ы Н Т С Е М У Р
О Р О М А Н М Б Т Ы М Ъ Л А
Н П Ь Ц Ш Ы Х К Я Е Б Ц Р Н
А Ы Л И С Т О Р И Я К Н В И
С В Е В Я Н Ю Г А Ф Х С У Ц
И Н Т Й И К С Е Ч И П Э Т А
П Р А О И К О Л Л Е К Ц И Я
А Л Т Н Р Е Т К А Р А Х С И
Н Е И Н Е Ч Ю Л К И Р П Т З
Р Н Ч Ж С Ф Л Г Ь Е Ш П И Э
И С Т О Р И Ч Е С К И Й Х О
Р А С С К А З Ч И К Р Г О П
```

АВТОР	РАССКАЗЧИК
ПРИКЛЮЧЕНИЕ	СЛОВА
КОЛЛЕКЦИЯ	СТРАНИЦА
КОНТЕКСТ	ХАРАКТЕР
НАПИСАНО	СТИХ
ЭПИЧЕСКИЙ	ПОЭЗИЯ
ИСТОРИЯ	УМЕСТНЫЙ
ИСТОРИЧЕСКИЙ	РОМАН
ЧИТАТЕЛЬ	СЕРИИ

72 - Chocolate

```
А Р А Х И С С И Т С Ж Ж Р Л
Л В Ш Р Х Л Ш Л Ф Х Б Ъ Е Ю
П К О В Т С Е Ч А К Ю Ю Ц Б
Ъ У Ч Я Г Н В Т Ф Д Ы Ш Е И
В С Ь Ъ О А К А К А К С П М
К Н М Л Р Ш Ь К Щ Х С И Т Ы
У Ы Е Д Ь С А Х А Р Г В Й Й
С Й Й И К С Е Ч И Т О З К Э
Т Н А Д И С К О И Т Н А Ь Ь
О Е Б Ъ Й А Р О М А Т Х Щ Ю
П Н А К О К О С Ь И Л Ъ Н И
А Ц О П О Р О Ш О К Ч К В Е
К А Р А М Е Л Ь Г Б И Л Ы Щ
Ф Ы Ц А Щ Ы Р К А Л О Р И И
```

САХАР	ВКУСНЫЙ
ГОРЬКИЙ	СЛАДКИЙ
АРАХИС	ЭКЗОТИЧЕСКИЙ
АНТИОКСИДАНТ	ЛЮБИМЫЙ
АРОМАТ	ВКУС
КАКАО	ПОРОШОК
КАЛОРИИ	КАЧЕСТВО
КАРАМЕЛЬ	РЕЦЕПТ
КОКОС	

73 - Governo

М	И	Р	Н	Ы	Й	П	Ч	Г	Р	А	Й	О	Н
П	О	Л	И	Т	И	К	А	Р	Н	Р	Я	К	Ф
Ы	Н	У	Я	Д	Г	Ь	П	А	В	А	Е	Ф	Н
Ы	А	Г	К	Е	О	Е	А	Ж	Н	Е	Ц	Ч	П
А	Ц	Р	О	М	С	Л	М	Д	Л	Е	Ц	И	Ь
Р	И	А	Н	О	У	Т	Я	А	З	И	А	Х	Я
А	О	Ж	С	К	Д	Й	Т	Н	А	С	Д	Я	Т
В	Н	Д	Т	Р	А	Ы	Н	С	К	И	О	Е	Т
Е	А	А	И	А	Р	Н	И	К	О	М	Б	Р	Р
Н	Л	Н	Т	Т	С	Б	К	И	Н	В	О	Ш	У
С	Ь	С	У	И	Т	Е	Ф	Й	Д	О	В	Ы	Ь
Т	Н	Т	Ц	Я	В	Д	М	Ц	Щ	Л	С	Р	Ы
В	Ы	В	И	Е	О	У	О	Т	П	Ь	Ч	Б	А
О	Й	О	Я	О	Б	С	У	Ж	Д	Е	Н	И	Е

ГРАЖДАНСТВО
ГРАЖДАНСКИЙ
КОНСТИТУЦИЯ
ДЕМОКРАТИЯ
РЕЧЬ
ОБСУЖДЕНИЕ
РАЙОН
ГОСУДАРСТВО
РАВЕНСТВО
СУДЕБНЫЙ

ЗАКОН
СВОБОДА
ЛИДЕР
ПАМЯТНИК
НАЦИОНАЛЬНЫЙ
НАЦИЯ
МИРНЫЙ
ПОЛИТИКА
СИМВОЛ

74 - Jardinagem

```
О К В Л А Г А Щ Е В С Р О С
Г С Л Б К В О Д А В Ч О П А
Н Ц Е И Я Х Ъ И Н С Г Ц Л Д
А П Т З М Ш П В Е Ъ Р В Ю Ы
Л Е Л М О А Г Ь М Е Я Е С И
Ш И Ж П Ж Н Т Ч Е Д З Т Р Г
Ш Н С Ы Е А Н Ц С О Ь О Г О
Д Е Л Т С И Л Ы Е Б Ъ Ч Б У
С Т Ы С В Р Ы Л Й Н С Н У К
Ъ Е Ф О С А И Ч Г Ы Ч Ы К П
Ф В У П Ф Ж Г Е Ы Й Я Й Е П
Я Ц Ч М Р Н Т Ч Г Т М У Т Ч
Ш Ю Ь О К О Н Т Е Й Н Е Р Н
Р Й И К С Е Ч И Н А Т О Б Ц
```

ВОДА	ЛИСТВА
БОТАНИЧЕСКИЙ	ШЛАНГ
БУКЕТ	САД
КЛИМАТ	КОНТЕЙНЕР
СЪЕДОБНЫЙ	СЕЗОННЫЙ
КОМПОСТ	СЕМЕНА
ВИД	ПОЧВА
ЦВЕТЕНИЕ	ГРЯЗЬ
ЦВЕТОЧНЫЙ	ВЛАГА
ЛИСТ	

75 - Profissões #2

```
Ф Ы И Ц Щ П Щ Г Б Г А И И Х
Е Т Л Ю Я К И Ы Х О Т З Н У
Р О Л Х Я Б У Л О Т С О Ж Д
М О Ю А Ц Ц Н И О Ф И Б Е О
Е Т С И В Г Н И Л Т Л Р Н Ж
Р Ч Т В А Н О Р Т С А Е Е Н
У Я Р Л Н А Ф Г Ч С Н Т Р И
Ч Ф А Р Г О Т О Ф А Р А В К
И О Т Х С Ч Б Л Б Д У Т Р Р
Т С О Н И Г О О Ч О Ж Е А Д
Е О Р Ш А Р Ш И К В Ъ Л Ч В
Л Л О А Р А У Б К Н Г Ь М Ю
Ь И П Е В Н Ж Р Щ И Я Я Щ П
Ъ Ф З О О Л О Г Г К Ч Г Д Ь
```

ФЕРМЕР	САДОВНИК
АСТРОНАВТ	ЖУРНАЛИСТ
БИОЛОГ	ЛИНГВИСТ
ХИРУРГ	ВРАЧ
ИНЖЕНЕР	ПИЛОТ
ФИЛОСОФ	ХУДОЖНИК
ФОТОГРАФ	УЧИТЕЛЬ
ИЛЛЮСТРАТОР	ЗООЛОГ
ИЗОБРЕТАТЕЛЬ	

76 - Café

```
Н А П И Т О К Ц Е Ю А Ж П Ц
К Е И З А Р Б О О Н З А Р Е
О Б Х Ш А В Ф И Л Ь Т Р О Н
Ф У Т Р О О М О Л О Т Ь И А
Е О Т К Р Д Ь Ж Ц П А О С Т
И В К У С А М О Л О К О Х Ъ
Н Г К О Щ С Е Л Н Б С Ы О Л
Б Ч О Ъ К П Р Я Ж Щ Щ Х Ж А
А О И Р Ч Е К Щ Ч Х Д Ч Д К
К Ж Л Д Ь Й Ы Н Е Р А Ж Е О
Ш Х Щ Ь Б К П Л П А Ч Т Н Г
А Р О М А Т И И Р Х Ф И И Г
Ч Е Р Н Ы Й Ы Й Ц А С М Е А
Е Ф Я Н Ж И Д К О С Т Ь Н М
```

САХАР	МОЛОКО
ГОРЬКИЙ	ЖИДКОСТЬ
АРОМАТ	УТРО
ЖАРЕНЫЙ	МОЛОТЬ
ВОДА	ПРОИСХОЖДЕНИЕ
НАПИТОК	ЦЕНА
КОФЕИН	ЧЕРНЫЙ
ЧАШКА	ВКУС
КРЕМ	РАЗНООБРАЗИЕ
ФИЛЬТР	

77 - Negócios

```
Ц Я И Н А П М О К Д А А Я Ш
А Ж А Д О Р П О Щ Е Ы К О И
Р А В О Т И С У Р Н С И Ф И
Я Р Ш Щ Б Б Г М С Ь Н М И Ц
М Е Ч И Р Ы Н Н Ъ Г А О С И
Е Ь Б М Т Л Х Н М И Н Н Л Т
М Р К Ф Т Ь Т С О М И О Т С
В А Л Ю Т А Е У Д Ь Ф К Б Е
С К И Д К А Ь Ц Щ О Б Э Б В
С А М А Г А З И Н Я Х М Т Н
З А В О Д Б Ю Д Ж Е Т О И И
Р А Б О Т О Д А Т Е Л Ь Д В
П Ц Р Н А Л О Г И С М Р Д Я
Ч Ж А Р А Б О Т Н И К Р Ь Щ
```

КАРЬЕРА	ФИНАНСЫ
СТОИМОСТЬ	НАЛОГИ
СКИДКА	ИНВЕСТИЦИИ
ДЕНЬГИ	МАГАЗИН
ЭКОНОМИКА	ПРИБЫЛЬ
РАБОТНИК	ТОВАР
РАБОТОДАТЕЛЬ	ВАЛЮТА
КОМПАНИЯ	БЮДЖЕТ
ОФИС	ДОХОД
ЗАВОД	ПРОДАЖА

78 - Fazenda #2

```
Я С А Д А Я К Ъ К Ж П Е Щ Б
Г Ф Р У К Т Ц Ж У И Ш В Ю Я
Н Ъ Й Ы Л Е П С К В Е Щ У Ч
Е И Н Е Ш О Р О У О Н Ж У М
Н А Ж Т Л Ю Х Ы Р Т И Ц Д Е
О Щ Е О Р У Я В У Н Ц У Ъ Н
К Я П Ц А А У Ы З Ы А О Н Ь
Д Г Я И М К К М А Е Л А М А
И Ю Ь С Б Т Ф Т Ф Е Р М Е Р
Щ Я Л В А У Ь Х О К О Л О М
О Л У Г Р Ц В Щ Щ Р Я П Щ Х
В В Ч Щ П А С Т И Ж Ж Ц А П
О Ь Ц Т Ц А Г К Ф М Н Л Я У
У И Д А Р Я Х С Ж Ю Х В Ь Ф
```

ФЕРМЕР	СПЕЛЫЙ
ЖИВОТНЫЕ	КУКУРУЗА
АМБАР	ОВЦА
ЯЧМЕНЬ	ПАСТИ
УЛЕЙ	УТКА
ЯГНЕНОК	САД
ФРУКТ	ЛУГ
ОРОШЕНИЕ	ТРАКТОР
МОЛОКО	ПШЕНИЦА
ЛАМА	ОВОЩ

79 - Jardim

К	Р	Ы	Л	Ь	Ц	О	П	Д	С	П	Л	Х	С
С	Л	Х	Х	Т	Д	Т	Ж	Ъ	К	Р	О	Я	О
Ж	Д	Ы	Т	У	Т	А	Б	Ы	А	У	П	Ф	Р
Ц	Е	Т	Е	В	Л	Р	С	Т	М	Д	А	Н	Н
О	Р	Ш	К	С	А	Д	А	Р	Ь	У	Т	М	Я
А	Е	В	Щ	К	К	Г	К	В	Я	Г	А	Н	К
Ч	В	Б	Б	Я	Й	Н	Р	Ж	А	Р	А	Г	И
Е	О	Ж	Я	У	А	А	С	А	Р	Р	Е	Т	З
П	О	Ч	В	А	Ж	Ш	Д	Н	Б	Ф	О	А	А
К	А	М	А	Г	У	Л	О	Д	Ю	Л	Н	У	Б
Б	У	Е	Ю	Е	Л	А	Г	Ы	О	Х	И	К	О
С	Т	С	А	О	Т	Н	Ц	В	Е	Т	О	К	Р
Ы	Ш	А	Т	И	Ц	Г	Щ	О	К	Л	А	Ш	Я
В	А	Ф	Н	В	Е	Я	Ы	Ф	Л	Щ	Ц	Л	А

ГРАБЛИ	САД
КУСТ	ПРУД
ДЕРЕВО	ГАМАК
СКАМЬЯ	ШЛАНГ
ЗАБОР	ЛОПАТА
СОРНЯКИ	ПОЧВА
ЦВЕТОК	ТЕРРАСА
ГАРАЖ	БАТУТ
ТРАВА	КРЫЛЬЦО
ЛУЖАЙКА	

80 - Política

```
Н Ы О Г Д Ч Г О Щ В Ч Б П П
П О П У Л Я Р Н О С Т Ь Г О
Ш Я И Г Е Т А Р Т С К В М Б
Е О Л Ъ И У К С Г Ж Ы Ы Н Е
Р Ж Ю К И Т И Л О П Ш Б Е Д
Р А В Е Н С Т В О В К О Н А
Щ Щ Щ О Ф Ж Э Я Е Б Е Р И Я
Н А Л О Г И У О М Ю Ж Т Е И
Ф Щ Й Ы Н Ь Л А Н О И Ц А Н
М А Ь Ч К А Н Д И Д А Т Н А
С В О Б О Д А К И Т И Л О П
К О М И Т Е Т П Ф П Р Г Т М
П Р А В И Т Е Л Ь С Т В О А
А К Т И В И С Т Г Ч А Е Р К
```

АКТИВИСТ
КАМПАНИЯ
КАНДИДАТ
КОМИТЕТ
СОВЕТ
ВЫБОР
СТРАТЕГИЯ
ЭТИКА
ПРАВИТЕЛЬСТВО

РАВЕНСТВО
НАЛОГИ
СВОБОДА
НАЦИОНАЛЬНЫЙ
МНЕНИЕ
ПОЛИТИКА
ПОЛИТИК
ПОПУЛЯРНОСТЬ
ПОБЕДА

81 - Oceano

```
Л Е О Д М Р Н Д К И Г Х Ш Ь
Р О К И Т И Л С О Р О Д О В
И Н Д Ы Р А В А Р А Н К Р Б
Ф Е Х К Д И У Ж А К И Л С Ф
Д А Щ Ц А Е У Ж Л У М К Я Ч
П Ь У М Ы О Л Г Л Л Ь Р Г Е
Я Р У Б Ж Ш Ь Ь О А С Е У Р
Х Ы Г М М А Л Щ Ф Р О В Б Е
А Б А Р К С О Б М И Ь Е К П
Ф А Ц И Р Т С У Е Т Н Т А А
П Р И Л И В Ы Л Д У Ч К Н Х
О Ф О Р П Ю Ь И У Н О А У А
Б П А Т С Щ Л У З Е С Ж М Д
Щ П Г В К К Ш Ч А Ц Я П Щ Ф
```

ВОДОРОСЛИ	ПРИЛИВЫ
ТУНЕЦ	МЕДУЗА
КИТ	УСТРИЦА
ЛОДКА	РЫБА
КРЕВЕТКА	ОСЬМИНОГ
КРАБ	РИФ
КОРАЛЛ	СОЛЬ
УГОРЬ	ЧЕРЕПАХА
ГУБКА	БУРЯ
ДЕЛЬФИН	АКУЛА

82 - Profissões #1

```
Г Е Н Я В Ю М Е И П Ъ Х П М
Е Ц Б Ш Е В Ю Ю Щ У Р Р С У
О А Р Т С Е С Д Е М Д К И З
Л Ф Е Р Ш Л Е Ф Т Г Ч У Х Ы
О А Н Р К И Н Ж О Д У Х О К
Г Р Д Ф А Р Ч И Ц П В Н Л А
М Г М О Р Я К Ч Б О Ж А О Н
П О Ж А Р Н Ы Й А С Г Ы Г Т
Ъ Т Н Ы Б Ш У Ы Н О Ф Е Д У
У Р Ь О Ц Щ С Н К Л Ь С Ю Т
Е А К Я Р Ш Н Е И П Е Р Л Ф
С К Т А Р Т Е Ч Р О Ц Н А Т
Т Е О А Х Т С У Ю Ь Р О Я К
П И А Н И С Т А К О В Д А С
```

АДВОКАТ	ПОСОЛ
ХУДОЖНИК	МЕДСЕСТРА
АСТРОНОМ	ГЕОЛОГ
БАНКИР	ЮВЕЛИР
ПОЖАРНЫЙ	МОРЯК
КАРТОГРАФ	МУЗЫКАНТ
УЧЕНЫЙ	ПИАНИСТ
ТАНЦОР	ПСИХОЛОГ

83 - Força e Gravidade

```
В  К  С  Ь  Т  С  О  Р  О  К  С  О  Щ  М
С  Е  Ж  С  В  О  Й  С  Т  В  А  Р  У  А
Д  Ч  В  О  Е  У  Ъ  У  Ь  Л  Я  Б  У  Г
Ц  Г  Е  Ы  Р  В  Г  Я  Т  У  Т  И  П  Н
Х  Н  Т  Л  Т  А  Г  Щ  Ъ  Ь  Р  Т  Л  Е
О  Ж  У  Н  Н  К  С  С  Е  Ъ  Е  А  А  Т
Х  Т  О  У  Е  И  Ь  С  Щ  Н  Н  К  Н  И
Л  С  К  Щ  Ц  З  Ы  А  Т  Ч  И  Ъ  Е  З
Д  Я  Ч  Р  Ь  И  Ж  Ц  С  О  Е  Ц  Т  М
Б  Ч  П  У  Ы  Ф  Х  Х  Щ  И  Я  Ю  Ы  Ж
В  Ц  В  Х  Ф  Т  В  Р  Е  М  Я  Н  О  Л
Ю  Е  И  Н  Е  Р  И  Ш  С  А  Р  П  И  Б
В  Л  И  Я  Н  И  Е  Е  Щ  Л  Р  Ъ  Е  Е
М  Е  Х  А  Н  И  К  А  Ъ  Ь  У  Ч  Д  Г
```

ТРЕНИЕ	МАГНЕТИЗМ
ЦЕНТР	МЕХАНИКА
ОТКРЫТИЕ	ОРБИТА
РАССТОЯНИЕ	ВЕС
ОСЬ	ПЛАНЕТЫ
РАСШИРЕНИЕ	СВОЙСТВА
ФИЗИКА	СКОРОСТЬ
ВЛИЯНИЕ	ВРЕМЯ

84 - Abelhas

```
Я  Ц  Б  Т  Ц  Ъ  А  Ф  Н  В  Э  Я  Р  К
Р  И  Ш  Л  У  У  Ч  У  В  П  К  Ъ  А  Р
Д  О  В  О  С  К  Н  Н  Б  Т  О  Е  З  Ы
И  У  Й  Д  Ы  М  Ы  М  Р  С  С  А  Н  Л
А  В  Е  Л  О  Р  О  К  Е  П  И  П  О  Ь
Ц  Я  Л  Л  У  Ж  Ч  Ж  И  Д  С  М  О  Я
Ь  И  У  Х  Т  Н  Ц  В  Н  А  Т  Ц  Б  Е
Л  Н  Г  И  Ц  К  Щ  Ы  Е  С  Е  С  Р  И
Ы  Е  Я  К  П  А  И  Щ  Т  Я  М  Т  А  Б
П  Т  С  О  Л  Н  Ц  Е  Е  Е  Е  А  Л  З  Ж
Щ  С  К  У  Ц  Ъ  Я  Ч  В  Ч  В  Д  И  Ь
Ч  А  Ъ  В  Щ  Р  Ъ  Ъ  Ц  С  Д  Ц  Е  Ь
Ф  Р  У  К  Т  Н  А  С  Е  К  О  М  О  Е
В  Ы  Г  О  Д  Н  Ы  Й  М  Н  Ъ  К  Ж  М
```

КРЫЛЬЯ	ФРУКТ
ВЫГОДНЫЙ	ДЫМ
ВОСК	НАСЕКОМОЕ
УЛЕЙ	САД
РАЗНООБРАЗИЕ	МЕД
ЭКОСИСТЕМА	РАСТЕНИЯ
РОЙ	ПЫЛЬЦА
ЦВЕТЕНИЕ	КОРОЛЕВА
ЦВЕТЫ	СОЛНЦЕ

85 - Ciência

```
У К Л О М Ы Ч П А Ф П Т И Г
Г Ч Л И Ю И Я Р Т И Ф А С Ъ
Р Г Е И Т С И И О З У О К Д
А И Ч Н М Ф Р Р М И Ъ Р О Ю
В П А Л Ы А О О Е К Х Г П К
И О С Я Т Й Т Д К А М А А Р
Т Т Т Н Д У А А К М У Н Е А
А Е И Ы Л А Р Е Н И М И М С
Ц З Ц Я Ж Ц О О Ь Ж Ф З О Т
И А Ы Е Щ Ю Б Д О Т Е М Е Е
Я Ы Ж Ь Т С А Щ И И К Н Ъ Н
Д А Н Н Ы Е Л Ъ Ь Ц С А Х И
Н А Б Л Ю Д Е Н И Е О Ж Ф Я
М О Л Е К У Л Ы Я Ь Ч Ш А Т
```

АТОМ	ЛАБОРАТОРИЯ
УЧЕНЫЙ	МЕТОД
КЛИМАТ	МИНЕРАЛЫ
ДАННЫЕ	МОЛЕКУЛЫ
ФАКТ	ПРИРОДА
ФИЗИКА	НАБЛЮДЕНИЕ
ИСКОПАЕМОЕ	ОРГАНИЗМ
ГРАВИТАЦИЯ	ЧАСТИЦЫ
ГИПОТЕЗА	РАСТЕНИЯ

86 - Comida #1

```
У Л Б В Д О Я Ъ С Л Р А Е К
Ь Д Ж О Ы Щ Л Ь Н Е М Ч Я О
У Л Д Щ Н Д М Л К О С С Я Р
Л Г Ц Р М У Х О И П В Ы Д И
Ь Щ Д Ж Ф Ь У С Л М Б Ц Л Ц
Р Я Т Ъ К В Ш И И Н О Е Х А
А Б Р И К О С Х З Ы К Н Л В
Г Ъ О Ю Ж К Ю А А Т О У В Ъ
Ъ Ш Т Ш И Р О Р Б П Л Т Ы Ч
С А П Е Р О Д А Щ Ъ О Ж Т Е
Л У Н И Я М Г П Ь Х М Д Л С
У Л П Ф Н К Л У Б Н И К А Н
К С Ц Т Р А Х А С Б Ш Н Ы О
Т П Е Ч Т Ч Т А Л А С Х Ю К
```

САХАР	ШПИНАТ
ЧЕСНОК	МОЛОКО
АРАХИС	ЛИМОН
ТУНЕЦ	БАЗИЛИК
ТОРТ	КЛУБНИКА
КОРИЦА	РЕПА
ЛУК	СОЛЬ
МОРКОВЬ	САЛАТ
ЯЧМЕНЬ	СУП
АБРИКОС	СОК

87 - Geometria

```
И З Г И Б У Р А В Н Е Н И Е
Д Г У П Ч П Ь Ю Т А Т Т Я Ъ
Ю Ц Р Ъ О С И М М Е Т Р И Я
Х А К Ф К В Ч О Щ Ь Е Т Р И
Е А Н А И Д Е М У А Ч У О Ц
Ш Т Ю Г Н И И Р Г Ж С Х Е Р
Ж Р Р А Ь У З А Х И А У Т О
Ы Ч А Е Л Л П М М Н Р К У П
Ч И С Л О О К Ы Е Е О А К О
О Б С О Г Г Ф С Ъ Р Т С Ю Р
П Л А Г У И Ю Г Ь Д Е Р Т П
Ц Б М У Е К В Л Т Х Г Н О Ь
Ъ Т И Р Р А Т О С Ы В М И С
Е В И У Т С Е Г М Е Н Т И Е
```

ВЫСОТА	МАССА
УГОЛ	МЕДИАНА
РАСЧЕТ	ЧИСЛО
КРУГ	ПРОПОРЦИЯ
ИЗГИБ	СЕГМЕНТ
ДИАМЕТР	СИММЕТРИЯ
ИЗМЕРЕНИЕ	ПОВЕРХНОСТЬ
УРАВНЕНИЕ	ТЕОРИЯ
ЛОГИКА	ТРЕУГОЛЬНИК

88 - Pássaros

Ш	И	Ч	П	Е	Л	И	К	А	Н	Й	Ю	С	Ю
Т	С	А	К	Т	У	Ф	Н	Ч	А	Е	К	Ю	П
Ы	В	Й	А	Г	У	П	О	П	К	Б	Ш	Е	И
Е	К	К	В	О	Р	О	Н	А	У	О	Я	Х	Н
К	Ш	А	Ю	Ц	Ш	Л	Х	И	Т	Р	Л	А	Г
Ш	Ш	О	И	Й	Ч	Е	Е	М	Л	О	Т	И	В
Ч	С	Л	С	Я	Н	Р	Х	Б	Р	В	Р	С	И
Ц	У	Ь	Б	У	Л	О	Г	Ь	Е	П	А	Т	Н
К	А	Ф	Л	А	М	И	Н	Г	О	Д	Ж	П	Ц
Г	Р	П	И	Ф	К	Б	Ц	Р	И	А	Ь	Т	Д
Р	Т	Н	Л	К	У	К	У	Ш	К	А	Р	У	И
Ц	С	Ы	Ж	Я	Ъ	Щ	Ж	Ш	А	И	Ф	С	Ж
К	У	Р	И	Ц	А	Ц	Ы	Ю	М	Г	У	С	Ь
Я	Т	С	У	Ф	П	Ы	Ч	М	Ю	Б	Х	Л	У

СТРАУС	ЦАПЛЯ
ОРЕЛ	ЯЙЦО
АИСТ	ПОПУГАЙ
ЛЕБЕДЬ	ВОРОБЕЙ
ВОРОНА	УТКА
КУКУШКА	ПАВЛИН
ФЛАМИНГО	ПЕЛИКАН
КУРИЦА	ПИНГВИН
ЧАЙКА	ГОЛУБЬ
ГУСЬ	ТУКАН

89 - Literatura

```
Т М С Щ Я И Д Е Г А Р Т Л Л
Е Е В Я О Р В И А В Т О Р Р
М Т О Ф Д Я И Ф А Р Г О И Б
А А К Е С Т И Х М Л Щ Ж Х М
Я Ф Е И Н Е Н М Ф Щ О Щ В Д
Н О Ю Н Ч У Ь Л И Т С Г М Б
И Р Ь Е Н З Ю Г Р Н М Т Е Н
А А М Н Ч Ч А П О Э Т И К А
Н Ы Ф В Ц Ь В К П Ц И Ъ П М
Е И Н А С И П О С Ц Р Ш С О
К Н Ы Р Д С Ц С У С О И К Р
Д Г Ж С М Я И Г О Л А Н А И
О З А К Л Ю Ч Е Н И Е Р Б Х
Т А Н А Л И З Б Ю Ч Г Ч А А
```

АНАЛОГИЯ	МЕТАФОРА
АНАЛИЗ	РАССКАЗЧИК
АНЕКДОТ	МНЕНИЕ
АВТОР	СТИХ
БИОГРАФИЯ	ПОЭТИКА
СРАВНЕНИЕ	РИФМА
ЗАКЛЮЧЕНИЕ	РИТМ
ОПИСАНИЕ	РОМАН
ДИАЛОГ	ТЕМА
СТИЛЬ	ТРАГЕДИЯ

90 - Química

```
И О Н Ц Л У Л У И Ь Й К Т О
Й Е Ю Э Л Е М Е Н Т Ы И Е Р
О С О Л Ь Х А К С С Н С М Г
Н О Р Т К Е Л Э И О Р Л П А
Ч Д Б Л М Щ Б О М К Е О Е Н
О Я Х Ж О И А Ж Р Д Д Р Р И
Л Ж Х Д Г А З В К И Я О А Ч
Е Е А О М Щ К Ы Ь Ж С Д Т Е
Щ В Т Р В О Д О Р О Д И У С
С Ф О Е А Л У К Е Л О М Р К
В А Л Л В Е С Ю Щ Л Ю Ф А И
К Б С Г У Ц Ф Е Р М Е Н Т Й
К Д И У С Д У Ю К Б Ю Б М Ц
Г Ъ К К А Т А Л И З А Т О Р
```

ЩЕЛОЧНОЙ	ВОДОРОД
КИСЛОТА	ИОН
ЖАРА	ЖИДКОСТЬ
УГЛЕРОД	МОЛЕКУЛА
КАТАЛИЗАТОР	ЯДЕРНЫЙ
ХЛОР	ОРГАНИЧЕСКИЙ
ЭЛЕМЕНТЫ	КИСЛОРОД
ЭЛЕКТРОН	ВЕС
ФЕРМЕНТ	СОЛЬ
ГАЗ	ТЕМПЕРАТУРА

91 - Clima

К	М	К	Р	Ы	Ч	В	Л	Т	Ц	А	И	Н	Ь
Т	Л	О	М	Ж	К	Е	Е	Р	С	Т	Ф	П	Ч
О	Ж	И	Л	Х	Р	Т	Д	О	У	М	Ж	Н	Е
Р	Ь	С	М	Н	К	Е	О	П	Х	О	Б	Е	Н
Н	Ц	Т	Х	А	И	Р	Б	И	О	С	Ь	Ы	А
А	Ъ	И	Ш	Г	Т	Я	Л	Ч	Й	Ф	К	Г	М
Д	Я	А	Ь	А	В	Ч	А	Е	Н	Е	Я	Я	У
О	Р	К	К	Р	В	Е	К	С	Л	Р	Ч	Ъ	Т
Ы	Г	Ю	М	У	Ф	О	О	К	Д	А	Н	Е	Г
Р	А	Д	У	Г	А	У	Х	И	О	Б	Н	Ю	Р
П	О	Л	Я	Р	Н	Ы	Й	Й	Б	Р	И	З	О
Я	Ъ	П	С	Р	З	А	С	У	Х	А	М	Ы	М
Т	Н	О	С	С	У	М	Б	Ц	Т	Щ	Б	Щ	Ъ
Ч	Я	Ы	К	Ы	М	Б	Ъ	Ж	Щ	Ы	Ф	А	Ъ

РАДУГА
АТМОСФЕРА
БРИЗ
НЕБО
КЛИМАТ
УРАГАН
ЛЕД
МУССОН
ТУМАН
ОБЛАКО

ПОЛЯРНЫЙ
МОЛНИЯ
ЗАСУХА
СУХОЙ
БУРЯ
ТОРНАДО
ТРОПИЧЕСКИЙ
ГРОМ
ВЕТЕР

92 - Tecnologia

```
Б  Р  Б  И  Ч  Ф  Ц  И  А  Г  В  С  М  Ц
Б  Е  Ь  Н  Ь  М  Т  И  Н  Ч  Е  Х  Л  М
Р  Т  З  Щ  Ш  Ш  У  Ы  Ф  Х  Е  Ф  О  Ш
А  Ю  В  О  Б  Л  О  Г  В  Р  Ф  Я  А  Ы
У  Ь  И  А  П  Й  Х  Ш  И  О  О  Ь  Д  Л
З  П  Р  К  Ъ  А  Я  У  Р  С  Э  В  И  Х
Е  М  Т  И  А  Ф  С  Ы  У  Р  К  О  О  Ы
Р  О  У  Т  Ь  М  И  Н  С  У  Р  Т  Ш  Й
А  К  А  С  Ъ  О  Е  Д  О  К  А  Й  Р  Щ
Ь  С  Л  И  Г  Ь  Т  Р  В  С  Н  А  И  Ч
В  Б  Ь  Т  И  Я  Ч  М  А  Т  Т  Б  Ф  В
Х  К  Н  А  Д  А  Н  Н  Ы  Е  Р  Ь  Т  В
Д  Б  Ы  Т  С  О  О  Б  Щ  Е  Н  И  Е  Л
О  Н  Й  С  И  Н  Т  Е  Р  Н  Е  Т  С  Щ
```

ФАЙЛ
БЛОГ
БАЙТОВ
КАМЕРА
КОМПЬЮТЕР
КУРСОР
ДАННЫЕ
ЦИФРОВОЙ
СТАТИСТИКА

ШРИФТ
ИНТЕРНЕТ
СООБЩЕНИЕ
БРАУЗЕРА
БЕЗОПАСНОСТЬ
ЭКРАН
ВИРТУАЛЬНЫЙ
ВИРУС

93 - Diplomacia

```
Г П Р Е З О Л Ю Ц И Я П Я И
Ш У Р С О В Е Т Н И К О Б Н
С О М А Я Ь У Б М Я Щ С Р О
С Б Г А В С Д Ш К Ф Щ О Е С
О С Р Щ Н И К Ы З Я А Л Ш Т
О У А А К И Т И Л О П Ь Е Р
Б Ж Ж Э Г Н Т Е Т И У С Н А
Щ Д Д Т Р А К А Л И Х Т И Н
Е Е А И А П И О Р Ь Д В Е Н
С Н Н К Ж М Л Р Х Н С О А Ы
Т И С А Д А Ф Ч К П Ы Т М Й
В Е К Б А К Н Ч В К Ъ Й В М
О Ь И Ч Н Ю О П О С О Л Б О
О Б Й У Е Х К Д О Г О В О Р
```

КАМПАНИИ	ИНОСТРАННЫЙ
ГРАЖДАНЕ	ЭТИКА
ГРАЖДАНСКИЙ	ПРАВИТЕЛЬСТВО
СООБЩЕСТВО	ГУМАНИТАРНЫЙ
КОНФЛИКТ	ЯЗЫКИ
СОВЕТНИК	ПОЛИТИКА
ОБСУЖДЕНИЕ	РЕЗОЛЮЦИЯ
ПОСОЛЬСТВО	РЕШЕНИЕ
ПОСОЛ	ДОГОВОР

94 - Esportes

```
Б А С К Е Т Б О Л Л У Ч К Д
Я В Я И Г Р А Ц Ч Х Е Е О В
Ч Г И М Н А С Т И К А М М И
Т Н З С О Г Д Я Ц П Ж П А Ж
Е Д А О И И О Х Ш Х Ф И Н Е
Н Е Н У Г Л О А Р О Д Н
Н П М Т А П Ы Р Ь Т Ъ Н А И
И И И Е Т Щ Я В О Ф С А Е Е
С С Г Р С Б Ж П Б К У Т Ю Е
П О Б Е Д И Т Е Л Ь Д У Ю Ш
Р Л Х О К К Е Й И К Ь К Ц А
У Е Т Р Е Н Е Р М Ш Я П Ъ Ф
Ь В Д У С П О Р Т С М Е Н М
И Х О О Б Е Й С Б О Л Е Ъ Ч
```

СПОРТСМЕН	ГИМНАЗИЯ
СУДЬЯ	ГИМНАСТИКА
БАСКЕТБОЛ	ГОЛЬФ
БЕЙСБОЛ	ХОККЕЙ
ВЕЛОСИПЕД	ИГРОК
ЧЕМПИОНАТ	ИГРА
КОМАНДА	ДВИЖЕНИЕ
СТАДИОН	ТЕННИС
ПОБЕДИТЕЛЬ	ТРЕНЕР

95 - Comida # 2

Ш	П	Д	Ы	Б	Р	Г	Я	Д	Ъ	П	В	И	Л
В	О	Ш	О	Х	Т	Р	У	Г	О	Й	Е	И	В
И	К	К	Е	Я	У	И	В	И	К	Х	Т	Я	У
Н	О	О	О	Н	Ф	Б	Л	И	Л	В	Ч	Й	В
О	Л	Ш	Ъ	Л	И	Б	Ь	О	Ъ	П	И	Ц	И
Г	Б	И	Ь	В	А	Ц	Л	Б	К	Ю	Н	О	Ш
Р	Я	Т	С	Б	Б	Д	А	У	Л	К	А	Ж	Н
А	Ж	Р	А	Ъ	Ы	Я	Д	Ф	Л	Е	О	Ы	Я
Д	Ы	А	Ц	Ц	Р	Ы	Н	У	К	Н	Т	Р	В
П	О	М	И	Д	О	Р	И	Б	А	Н	А	Н	Б
Б	Ц	Я	Р	Р	Л	К	М	Б	Д	С	Ы	Р	Р
Ш	Ж	К	У	Х	Р	Ч	Б	Д	О	И	Ч	С	У
Ш	Ч	Ш	К	М	Ц	Я	И	Е	О	Р	Е	Щ	Р
Щ	С	Б	А	К	Л	А	Ж	А	Н	Ш	Р	Ь	Д

АРТИШОК
МИНДАЛЬ
РИС
БАНАН
БАКЛАЖАН
БРОККОЛИ
ВИШНЯ
ШОКОЛАД
ГРИБ
КУРИЦА

ЙОГУРТ
КИВИ
ЯБЛОКО
ЯЙЦО
РЫБА
ВЕТЧИНА
СЫР
ПОМИДОР
ПШЕНИЦА
ВИНОГРАД

96 - Universo

```
С П С О Л Н Е Ч Н Ы Й Я П Ж
А У О Г А Л А К Т И К А Л К
И А Я Л Я Ь Р В И Д И М Ы Й
Т Я Д Ю У Ш И Р О Т А У Я А
О Е Д Ю Д С Д О Л Г О Т А С
Р Г Л Л П А Ф Б Ь Е Х А А Т
Б О Щ Е Д Н Ы Е Б А Д С Т Р
И Р Ь Г С И Ы Н Р Ц Ч Т М О
Т И П Ш У К Д Ы О А В Е О Н
А З Л М О Н О Р Т С А Р С О
Л О Б У Д И Х П А Д Ю О Ф М
Щ Н С Ю Н Ъ К К В Ш П И Е И
М Т И О А А И Ш К А Ю Д Р Я
Н Е Б Е С Н Ы Й Э Ц Г Т А А
```

АСТЕРОИД	ГОРИЗОНТ
АСТРОНОМИЯ	ШИРОТА
АСТРОНОМ	ДОЛГОТА
АТМОСФЕРА	ЛУНА
НЕБЕСНЫЙ	ОРБИТА
НЕБО	СОЛНЕЧНЫЙ
ЭКВАТОР	ТЕЛЕСКОП
ГАЛАКТИКА	ВИДИМЫЙ
ПОЛУСФЕРА	

97 - Jazz

```
Я А А Е М Т П И Т А Л А Н Т
Х Т К Д Е Е Ф М Т И Р Д И К
С Т И Л Ь Х Ы П Ы Й Н У З О
К А Н Д Р Н Б Р У Ы А И Б Н
К Л Ж О О И А О В Р Ж З Р Ц
Ъ Ь О Р Т К Р В С А А В А Е
Х Б Д К И А А И Г Т Т Е Н Р
Е О У Е З А Б З С С М С Н Т
М М Х С О К А А Ж Н П Т О Ф
П У Ю Т П Ц Н Ц С О О Н Е С
Г Е З Р М Е Ы И Р В Ж Ы Ф Ю
Ш И С Ы О Н Н Я Ъ Ы Д Й Ж Ы
Ф В М Н К Т Ш Д П Й Ы Ц А Ь
Ц Ш Е Ъ Я А Я Д Щ Ш Л Л Ц У
```

ХУДОЖНИК	ИЗБРАННОЕ
АЛЬБОМ	ЖАНР
БАРАБАНЫ	ИМПРОВИЗАЦИЯ
ПЕСНЯ	МУЗЫКА
СОСТАВ	НОВЫЙ
КОМПОЗИТОР	ОРКЕСТР
КОНЦЕРТ	РИТМ
СТИЛЬ	ТАЛАНТ
АКЦЕНТ	ТЕХНИКА
ИЗВЕСТНЫЙ	СТАРЫЙ

98 - Barcos

```
О Б Х Ь Ш А О Д Ж Р М Д О Р
А Л В Щ Б Ь Ж Ь О Г А В З Ю
Ф М О Ж К У Ь М Ц Ы Ч И Е Ь
К Л Л Щ Я Ь Й Т Е Д Т Г Р Ь
К Б Н П Р И Л И В О А А О М
О А Ы Э О Н А К Д К Т Т Я О
С Ь Я Г М А К Щ Г И С Е Х Р
М А Ц К О Е Ы Е Ф Х Л Л Т С
Ч Ф Ы Ф Р К Л Ю Е В Б Ь А К
Ы К П Т А О У Ь Ц Ц Л Л Ь О
Р Е К А П У В Е Р Е В К А Й
Э К И П А Ж П Р Т О Л П Е Ф
Ш Ю О О Ш У Ц О Ч М К М Ю С
Х В Ь Ъ М Т Х М Ш М Т Я Е Ь
```

ЯКОРЬ	МОРЕ
ПАРОМ	ПРИЛИВ
БУЙ	МОРЯК
КАЯК	МАЧТА
КАНОЭ	ДВИГАТЕЛЬ
ВЕРЕВКА	МОРСКОЙ
ДОК	ОКЕАН
ЯХТА	ВОЛНЫ
ПЛОТ	РЕКА
ОЗЕРО	ЭКИПАЖ

99 - Mamíferos

К	Ч	Е	Ш	В	О	Ч	А	М	С	Щ	А	Ш	Ф
О	Д	Ъ	Ф	Е	В	Е	Л	Ц	Л	Г	Д	Ь	Ь
Ш	Ж	Ъ	Г	Р	Ц	В	Л	Щ	О	Ы	Х	У	Х
К	Т	К	Т	Б	А	К	И	Т	Н	Л	Ь	Б	Б
А	И	Р	Б	Л	Д	П	Р	О	Т	О	Й	О	К
Ш	Т	О	О	Ю	Е	Ц	О	Е	Х	Ш	П	Ъ	Ы
Р	Л	Л	Б	Д	Л	У	Г	М	Ш	А	Ы	Ь	Б
К	У	И	Р	Т	Ь	Ж	М	Ч	Щ	Д	А	Щ	И
Ю	Е	К	Т	Ц	Ф	А	Р	И	Ж	Ь	Ж	М	А
Ь	П	Н	Р	И	И	К	У	Ю	Б	Т	Д	Ы	А
Т	Х	Ч	Г	А	Н	Я	Ь	З	Е	Б	О	И	Е
Л	Ю	П	Я	У	Ф	С	Р	С	О	Б	А	К	А
Л	И	С	А	А	Р	Б	Е	З	Г	У	Х	В	В
В	О	Л	К	Ю	Ь	У	Ц	Ы	Д	Щ	К	Ж	С

KИТ
ВЕРБЛЮД
КЕНГУРУ
БОБР
ЛОШАДЬ
СОБАКА
КРОЛИК
КОЙОТ
СЛОН
КОШКА

ЖИРАФ
ДЕЛЬФИН
ГОРИЛЛА
ЛЕВ
ВОЛК
ОБЕЗЬЯНА
ОВЦА
ЛИСА
БЫК
ЗЕБРА

100 - Atividades e Lazer

Ы	Я	С	И	Б	Б	О	Х	Д	О	Е	Ч	Х	Е
Л	О	Б	Т	Е	К	С	А	Б	Н	Щ	Ь	А	О
Л	Щ	Р	Ы	Й	И	К	Е	И	Н	Я	Р	Ы	Н
О	О	А	У	С	Р	О	Н	Р	Р	В	Ь	Ф	М
Б	Ш	Ф	Е	Б	Л	Б	Ж	Т	Ф	Ч	Ш	Ь	З
Й	Ы	Н	Ч	О	Н	О	Г	Ь	М	И	К	Л	И
Е	Т	Ю	Л	Ф	У	Т	Б	О	Л	Н	О	Р
Л	Х	Х	Д	Л	Ъ	Т	Е	Н	Н	И	С	Г	У
О	Ф	Ш	А	И	С	К	У	С	С	Т	В	О	Т
В	Р	А	С	С	Л	А	Б	Л	Я	Ю	Щ	И	Й
О	Х	Щ	Ц	Ы	П	Л	А	В	А	Н	И	Е	И
С	А	Д	О	В	О	Д	С	Т	В	О	Ц	Ф	Ш
К	Е	М	П	И	Н	Г	Е	Ф	У	М	Я	К	Е
Р	Ы	Б	Н	А	Я	Л	О	В	Л	Я	Д	У	П

КЕМПИНГ
ИСКУССТВО
БАСКЕТБОЛ
БЕЙСБОЛ
БОКС
ПЕШИЙ ТУРИЗМ
ГОНОЧНЫЙ
ФУТБОЛ
ГОЛЬФ

ХОББИ
САДОВОДСТВО
НЫРЯНИЕ
ПЛАВАНИЕ
РЫБНАЯ ЛОВЛЯ
РАССЛАБЛЯЮЩИЙ
СЕРФИНГ
ТЕННИС
ВОЛЕЙБОЛ

1 - Dirigindo

2 - Antiguidades

3 - Churrascos

4 - Pesca

5 - Geologia

6 - Tempo

7 - Astronomia

8 - Circo

9 - Acampamento

10 - Emoções

11 - Ficção Científica

12 - Mitologia

13 - Medições

14 - Álgebra

15 - Plantas

16 - Veículos

17 - Engenharia

18 - Restaurante #2

19 - Países #2

20 - Cozinha

21 - Material de Arte

22 - Números

23 - Física

24 - Especiarias

25 - Países #1

26 - Casa

27 - Vegetais

28 - Balé

29 - Adjetivos #1

30 - Psicologia

31 - Paisagens

32 - Dança

33 - Nutrição

34 - Energia

35 - Disciplinas Científicas

36 - Meditação

37 - Artes Visuais

38 - Moda

39 - Instrumentos Musicais

40 - Adjetivos #2

41 - Roupas

42 - Herbalismo

43 - Arqueologia

44 - Frutas

45 - Corpo Humano

46 - Caminhada

47 - Beleza

48 - Água

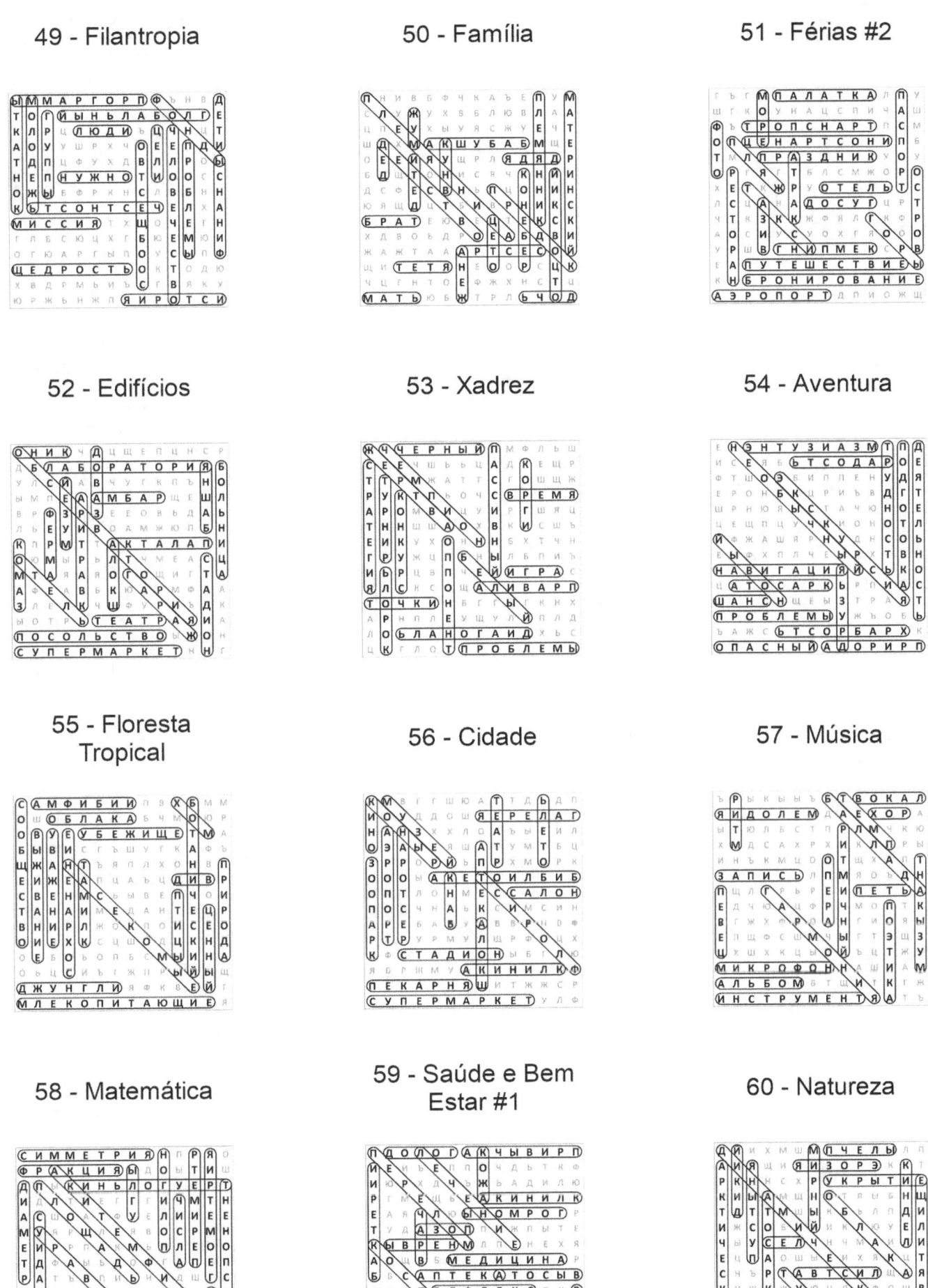

49 - Filantropia

50 - Família

51 - Férias #2

52 - Edifícios

53 - Xadrez

54 - Aventura

55 - Floresta Tropical

56 - Cidade

57 - Música

58 - Matemática

59 - Saúde e Bem Estar #1

60 - Natureza

61 - A Empresa

62 - Aviões

63 - Tipos de Cabelo

64 - Formas

65 - Dias e Meses

66 - Saúde e Bem Estar #2

67 - Geografia

68 - Antártica

69 - Flores

70 - Fazenda #1

71 - Livros

72 - Chocolate

73 - Governo

74 - Jardinagem

75 - Profissões #2

76 - Café

77 - Negócios

78 - Fazenda #2

79 - Jardim

80 - Política

81 - Oceano

82 - Profissões #1

83 - Força e Gravidade

84 - Abelhas

85 - Ciência

86 - Comida #1

87 - Geometria

88 - Pássaros

89 - Literatura

90 - Química

91 - Clima

92 - Tecnologia

93 - Diplomacia

94 - Esportes

95 - Comida # 2

96 - Universo

97 - Jazz

100 - Atividades e Lazer

98 - Barcos

99 - Mamíferos

Dicionário

A Empresa
Компания

Apresentação	Презентация
Criativo	Творческий
Decisão	Решение
Emprego	Занятость
Global	Глобальный
Inovador	Инновационный
Investimento	Инвестиции
Negócio	Бизнес
Possibilidade	Возможность
Produto	Продукт
Progresso	Прогресс
Qualidade	Качество
Receita	Доход
Recursos	Ресурсы
Reputação	Репутация
Riscos	Риски
Tendências	Тенденции
Unidades	Единицы

Abelhas
Пчелы

Asas	Крылья
Benéfico	Выгодный
Cera	Воск
Colmeia	Улей
Diversidade	Разнообразие
Ecossistema	Экосистема
Enxame	Рой
Flor	Цветение
Flores	Цветы
Fruta	Фрукт
Fumaça	Дым
Inseto	Насекомое
Jardim	Сад
Mel	Мед
Plantas	Растения
Pólen	Пыльца
Rainha	Королева
Sol	Солнце

Acampamento
Кемпинг

Animais	Животные
Aventura	Приключение
Árvores	Деревья
Bússola	Компас
Caça	Охота
Canoa	Каноэ
Chapéu	Шляпа
Corda	Веревка
Equipamento	Оборудование
Floresta	Лес
Fogo	Огонь
Inseto	Насекомое
Lago	Озеро
Lanterna	Фонарь
Lua	Луна
Maca	Гамак
Mapa	Карта
Montanha	Гора
Natureza	Природа
Tenda	Палатка

Adjetivos #1
Прилагательные #1

Absoluto	Абсолютный
Ambicioso	Амбициозный
Aromático	Ароматический
Brilhante	Яркий
Enorme	Огромный
Escuro	Темный
Exótico	Экзотический
Fino	Тонкий
Generoso	Щедрый
Grande	Большой
Honesto	Честный
Idêntico	Идентичный
Importante	Важный
Lento	Медленный
Misterioso	Таинственный
Moderno	Современный
Perfeito	Совершенный
Pesado	Тяжелый
Sério	Серьезный
Valioso	Ценный

Adjetivos #2
Прилагательные #2

Autêntico	Аутентичный
Criativo	Творческий
Descritivo	Описательный
Dotado	Одаренный
Elegante	Элегантный
Famoso	Известный
Forte	Сильный
Interessante	Интересный
Natural	Естественный
Normal	Нормальный
Novo	Новый
Orgulhoso	Гордый
Produtivo	Продуктивный
Puro	Чистый
Quente	Горячий
Responsável	Ответственный
Salgado	Соленый
Saudável	Здоровый
Seco	Сухой
Selvagem	Дикий

Antártica
Антарктида

Água	Вода
Baía	Залив
Baleias	Киты
Científico	Научный
Conservação	Сохранение
Continente	Континент
Enseada	Бухточка
Expedição	Экспедиция
Geleiras	Ледники
Gelo	Лед
Geografia	География
Ilhas	Острова
Investigador	Исследователь
Migração	Миграция
Minerais	Минералы
Península	Полуостров
Pinguins	Пингвины
Rochoso	Скалистый
Temperatura	Температура
Topografia	Топография

Antiguidades
Антиквариат

Arte	Искусство
Autêntico	Аутентичный
Decorativo	Декоративный
Décadas	Десятилетия
Elegante	Элегантный
Entusiasta	Энтузиаст
Escultura	Скульптура
Estilo	Стиль
Galeria	Галерея
Incomum	Необычный
Investimento	Инвестиции
Item	Пункт
Leilão	Аукцион
Mobiliário	Мебель
Moedas	Монеты
Preço	Цена
Qualidade	Качество
Século	Век
Valor	Ценность
Velho	Старый

Arqueologia
Археология

Análise	Анализ
Anos	Годы
Antiguidade	Древность
Avaliação	Оценка
Civilização	Цивилизация
Descendente	Потомок
Desconhecido	Неизвестный
Equipe	Команда
Era	Эра
Especialista	Эксперт
Esquecido	Забытый
Fóssil	Ископаемое
Investigador	Исследователь
Mistério	Тайна
Objetos	Объекты
Ossos	Кости
Professor	Профессор
Relíquia	Реликвия
Templo	Храм
Túmulo	Могила

Artes Visuais
Изобразительное Искусство

Argila	Глина
Arquitetura	Архитектура
Artista	Художник
Caneta	Ручка
Carvão	Уголь
Cavalete	Мольберт
Cera	Воск
Cerâmica	Керамика
Composição	Состав
Criatividade	Креативность
Escultura	Скульптура
Estêncil	Трафарет
Filme	Фильм
Fotografia	Фотография
Giz	Мел
Lápis	Карандаш
Obra-Prima	Шедевр
Perspectiva	Перспектива
Retrato	Портрет
Verniz	Лак

Astronomia
Астрономия

Asteróide	Астероид
Astronauta	Астронавт
Astrônomo	Астроном
Céu	Небо
Constelação	Созвездие
Cosmos	Космос
Eclipse	Затмение
Equinócio	Равноденствие
Foguete	Ракета
Gravidade	Гравитация
Lua	Луна
Meteoro	Метеор
Nebulosa	Туманность
Observatório	Обсерватория
Planeta	Планета
Radiação	Излучение
Solar	Солнечный
Supernova	Сверхновая
Terra	Земля
Universo	Вселенная

Atividades e Lazer
Развлечения и Досуг

Acampamento	Кемпинг
Arte	Искусство
Basquete	Баскетбол
Beisebol	Бейсбол
Boxe	Бокс
Caminhada	Пеший Туризм
Corrida	Гоночный
Futebol	Футбол
Golfe	Гольф
Hobbies	Хобби
Jardinagem	Садоводство
Mergulho	Ныряние
Natação	Плавание
Pesca	Рыбная Ловля
Relaxante	Расслабляющий
Surfe	Серфинг
Tênis	Теннис
Voleibol	Волейбол

Aventura
Приключение

Alegria	Радость
Amigos	Друзья
Atividade	Деятельность
Beleza	Красота
Bravura	Храбрость
Chance	Шанс
Desafios	Проблемы
Dificuldade	Трудность
Entusiasmo	Энтузиазм
Excursão	Экскурсия
Incomum	Необычный
Itinerário	Маршрут
Natureza	Природа
Navegação	Навигация
Novo	Новый
Oportunidade	Возможность
Perigoso	Опасный
Preparação	Подготовка
Segurança	Безопасность

Aviões
Самолеты

Altura	Высота
Ar	Воздух
Aterrissagem	Посадка
Atmosfera	Атмосфера
Aventura	Приключение
Balão	Воздушный Шар
Céu	Небо
Combustível	Топливо
Construção	Строительство
Descida	Спуск
Direção	Направление
Hélices	Пропеллеры
Hidrogênio	Водород
História	История
Inflar	Надувать
Motor	Двигатель
Passageiro	Пассажир
Piloto	Пилот
Tempo	Погода
Tripulação	Экипаж

Água
Вода

Canal	Канал
Chuva	Дождь
Chuveiro	Душ
Evaporação	Испарение
Furacão	Ураган
Geada	Мороз
Gelo	Лед
Geyser	Гейзер
Inundação	Наводнение
Irrigação	Орошение
Lago	Озеро
Monção	Муссон
Neve	Снег
Oceano	Океан
Ondas	Волны
Potável	Питьевой
Rio	Река
Umidade	Влажность
Vapor	Пар

Álgebra
Алгебра

Diagrama	Диаграмма
Equação	Уравнение
Expoente	Экспонент
Falso	Ложный
Fator	Фактор
Fórmula	Формула
Fração	Фракция
Infinito	Бесконечный
Linear	Линейный
Matriz	Матрица
Número	Число
Parêntese	Скобка
Problema	Проблема
Quantidade	Количество
Simplificar	Упрощать
Solução	Решение
Soma	Сумма
Subtração	Вычитание
Variável	Переменная
Zero	Нуль

Balé
Балет

Aplauso	Аплодисменты
Bailarina	Балерина
Compositor	Композитор
Coreografia	Хореография
Dançarinos	Танцоры
Ensaio	Репетиция
Estilo	Стиль
Expressivo	Выразительный
Gesto	Жест
Habilidade	Навык
Intensidade	Интенсивность
Músculos	Мышцы
Música	Музыка
Orquestra	Оркестр
Prática	Практика
Público	Аудитория
Ritmo	Ритм
Solo	Соло
Técnica	Техника

Barcos
Лодки

Âncora	Якорь
Balsa	Паром
Bóia	Буй
Caiaque	Каяк
Canoa	Каноэ
Corda	Веревка
Doca	Док
Iate	Яхта
Jangada	Плот
Lago	Озеро
Mar	Море
Maré	Прилив
Marinheiro	Моряк
Mastro	Мачта
Motor	Двигатель
Náutico	Морской
Oceano	Океан
Ondas	Волны
Rio	Река
Tripulação	Экипаж

Beleza
Красота

Batom	Помада
Cachos	Кудри
Charme	Очарование
Cor	Цвет
Cosméticos	Косметика
Elegante	Элегантный
Elegância	Элегантность
Espelho	Зеркало
Estilista	Стилист
Fotogênico	Фотогеничный
Fragrância	Аромат
Graça	Грация
Óleos	Масла
Pele	Кожа
Produtos	Продукты
Serviços	Услуги
Suave	Гладкий
Tesoura	Ножницы
Xampu	Шампунь

Café
Кофе

Açúcar	Сахар
Amargo	Горький
Aroma	Аромат
Assado	Жареный
Água	Вода
Bebida	Напиток
Cafeína	Кофеин
Copa	Чашка
Creme	Крем
Filtro	Фильтр
Leite	Молоко
Líquido	Жидкость
Manhã	Утро
Moer	Молоть
Origem	Происхождение
Preço	Цена
Preto	Черный
Sabor	Вкус
Variedade	Разнообразие

Caminhada
Пеший Туризм

Acampamento	Кемпинг
Animais	Животные
Água	Вода
Botas	Ботинки
Cansado	Усталый
Clima	Климат
Cume	Саммит
Mapa	Карта
Montanha	Гора
Natureza	Природа
Orientação	Ориентация
Parques	Парки
Pedras	Камни
Penhasco	Утес
Perigos	Опасности
Pesado	Тяжелый
Preparação	Подготовка
Selvagem	Дикий
Sol	Солнце
Tempo	Погода

Casa
Дом

Biblioteca	Библиотека
Cerca	Забор
Chaves	Ключи
Chuveiro	Душ
Cortinas	Шторы
Cozinha	Кухня
Espelho	Зеркало
Garagem	Гараж
Janela	Окно
Jardim	Сад
Lareira	Камин
Mobiliário	Мебель
Parede	Стена
Porta	Дверь
Quarto	Комната
Sótão	Чердак
Tapete	Коврик
Teto	Потолок
Torneira	Кран
Vassoura	Метла

Chocolate
Шоколад

Açúcar	Сахар
Amargo	Горький
Amendoins	Арахис
Antioxidante	Антиоксидант
Aroma	Аромат
Cacau	Какао
Calorias	Калории
Caramelo	Карамель
Coco	Кокос
Delicioso	Вкусный
Doce	Сладкий
Exótico	Экзотический
Favorito	Любимый
Gosto	Вкус
Ingrediente	Ингредиент
Pó	Порошок
Qualidade	Качество
Receita	Рецепт

Churrascos
Барбекю

Cebolas	Лук
Convite	Приглашение
Crianças	Дети
Facas	Ножи
Família	Семья
Fome	Голод
Frango	Курица
Fruta	Фрукт
Grelha	Гриль
Jantar	Обед
Jogos	Игры
Legumes	Овощи
Molho	Соус
Música	Музыка
Pimenta	Перец
Quente	Горячий
Sal	Соль
Saladas	Салаты
Tomates	Помидоры
Verão	Лето

Cidade
Город

Aeroporto	Аэропорт
Banco	Банк
Biblioteca	Библиотека
Cinema	Кино
Clínica	Клиника
Escola	Школа
Estádio	Стадион
Farmácia	Аптека
Florista	Флорист
Galeria	Галерея
Hotel	Отель
Jardim Zoológico	Зоопарк
Mercado	Рынок
Museu	Музей
Padaria	Пекарня
Restaurante	Ресторан
Salão	Салон
Supermercado	Супермаркет
Teatro	Театр
Universidade	Университет

Ciência
Наука

Átomo	Атом
Cientista	Ученый
Clima	Климат
Dados	Данные
Evolução	Эволюция
Fato	Факт
Física	Физика
Fóssil	Ископаемое
Gravidade	Гравитация
Hipótese	Гипотеза
Laboratório	Лаборатория
Método	Метод
Minerais	Минералы
Moléculas	Молекулы
Natureza	Природа
Observação	Наблюдение
Organismo	Организм
Partículas	Частицы
Plantas	Растения
Químico	Химические

Circo
Цирк

Acrobata	Акробат
Animais	Животные
Bilhete	Билет
Desfile	Парад
Doce	Конфеты
Elefante	Слон
Entreter	Развлекать
Espectador	Зритель
Leão	Лев
Macaco	Обезьяна
Magia	Магия
Malabarista	Жонглер
Mágico	Маг
Música	Музыка
Palhaço	Клоун
Tenda	Палатка
Tigre	Тигр
Traje	Костюм
Truque	Обманывать

Clima
Погода

Arco-Íris	Радуга
Atmosfera	Атмосфера
Brisa	Бриз
Céu	Небо
Clima	Климат
Furacão	Ураган
Gelo	Лед
Monção	Муссон
Nevoeiro	Туман
Nuvem	Облако
Polar	Полярный
Relâmpago	Молния
Seca	Засуха
Seco	Сухой
Temperatura	Температура
Tempestade	Буря
Tornado	Торнадо
Tropical	Тропический
Trovão	Гром
Vento	Ветер

Comida # 2
Еда #2

Alcachofra	Артишок
Amêndoa	Миндаль
Arroz	Рис
Banana	Банан
Beringela	Баклажан
Brócolis	Брокколи
Cereja	Вишня
Chocolate	Шоколад
Cogumelo	Гриб
Frango	Курица
Iogurte	Йогурт
Kiwi	Киви
Maçã	Яблоко
Ovo	Яйцо
Peixe	Рыба
Presunto	Ветчина
Queijo	Сыр
Tomate	Помидор
Trigo	Пшеница
Uva	Виноград

Comida #1
Еда #1

Açúcar	Сахар
Alho	Чеснок
Amendoim	Арахис
Atum	Тунец
Bolo	Торт
Canela	Корица
Cebola	Лук
Cenoura	Морковь
Cevada	Ячмень
Damasco	Абрикос
Espinafre	Шпинат
Leite	Молоко
Limão	Лимон
Manjericão	Базилик
Morango	Клубника
Nabo	Репа
Sal	Соль
Salada	Салат
Sopa	Суп
Suco	Сок

Corpo Humano
Тело Человека

Boca	Рот
Cabeça	Голова
Cérebro	Мозг
Coração	Сердце
Cotovelo	Локоть
Dedo	Палец
Joelho	Колено
Mandíbula	Челюсть
Mão	Рука
Nariz	Нос
Olho	Глаз
Ombro	Плечо
Orelha	Ухо
Pele	Кожа
Perna	Нога
Pescoço	Шея
Queixo	Подбородок
Sangue	Кровь
Testa	Лоб
Tornozelo	Лодыжка

Cozinha
Кухня

Avental	Фартук
Chaleira	Чайник
Colheres	Ложки
Concha	Ковш
Cups	Чашки
Especiarias	Специи
Esponja	Губка
Facas	Ножи
Forno	Печь
Freezer	Морозилка
Garfos	Вилки
Geladeira	Холодильник
Grelha	Гриль
Guardanapo	Салфетка
Jar	Банка
Jarro	Кувшин
Receita	Рецепт
Tigela	Чаша

Dança
Танец

Academia	Академия
Alegre	Радостный
Arte	Искусство
Clássico	Классический
Coreografia	Хореография
Corpo	Тело
Cultura	Культура
Cultural	Культурный
Emoção	Эмоция
Ensaio	Репетиция
Expressivo	Выразительный
Graça	Грация
Movimento	Движение
Música	Музыка
Parceiro	Партнер
Postura	Поза
Ritmo	Ритм
Tradicional	Традиционный
Visual	Визуальный

Dias e Meses
Дни и Месяцы

Abril	Апрель
Agosto	Август
Ano	Год
Calendário	Календарь
Dezembro	Декабрь
Domingo	Воскресенье
Fevereiro	Февраль
Janeiro	Январь
Julho	Июль
Junho	Июнь
Mês	Месяц
Novembro	Ноябрь
Outubro	Октябрь
Quinta-Feira	Четверг
Sábado	Суббота
Segunda-Feira	Понедельник
Semana	Неделя
Setembro	Сентябрь
Sexta-Feira	Пятница
Terça	Вторник

Diplomacia
Дипломатия

Campanhas	Кампании
Cidadãos	Граждане
Cívico	Гражданский
Comunidade	Сообщество
Conflito	Конфликт
Consultor	Советник
Discussão	Обсуждение
Embaixada	Посольство
Embaixador	Посол
Estrangeiro	Иностранный
Ética	Этика
Governo	Правительство
Humanitário	Гуманитарный
Integridade	Целостность
Línguas	Языки
Política	Политика
Resolução	Резолюция
Segurança	Безопасность
Solução	Решение
Tratado	Договор

Dirigindo
Вождение

Acidente	Авария
Carro	Автомобиль
Combustível	Топливо
Cuidado	Осторожность
Estrada	Дорога
Freios	Тормоза
Garagem	Гараж
Gás	Газ
Licença	Лицензия
Mapa	Карта
Motocicleta	Мотоцикл
Motor	Мотор
Pedestre	Пешеход
Perigo	Опасность
Polícia	Полиция
Rua	Улица
Segurança	Безопасность
Transporte	Транспорт
Tráfego	Движение
Túnel	Туннель

Disciplinas Científicas
Научные Дисциплины

Anatomia	Анатомия
Arqueologia	Археология
Astronomia	Астрономия
Biologia	Биология
Bioquímica	Биохимия
Botânica	Ботаника
Cinesiologia	Кинезиология
Ecologia	Экология
Fisiologia	Физиология
Geologia	Геология
Imunologia	Иммунология
Linguística	Лингвистика
Meteorologia	Метеорология
Mineralogia	Минералогия
Neurologia	Неврология
Psicologia	Психология
Química	Химия
Sociologia	Социология
Termodinâmica	Термодинамика
Zoologia	Зоология

Edifícios
Здания

Apartamento	Квартира
Castelo	Замок
Celeiro	Амбар
Cinema	Кино
Embaixada	Посольство
Escola	Школа
Estádio	Стадион
Fazenda	Ферма
Fábrica	Завод
Garagem	Гараж
Hospital	Больница
Hotel	Отель
Laboratório	Лаборатория
Museu	Музей
Observatório	Обсерватория
Supermercado	Супермаркет
Teatro	Театр
Tenda	Палатка
Torre	Башня
Universidade	Университет

Emoções
Эмоции

Alegria	Радость
Amor	Любовь
Bem-Aventurança	Блаженство
Bondade	Доброта
Calmo	Спокойный
Conteúdo	Содержание
Envergonhado	Смущенный
Grato	Благодарный
Medo	Страх
Paz	Мир
Raiva	Гнев
Relaxado	Расслабленный
Satisfeito	Доволен
Simpatia	Симпатия
Ternura	Нежность
Tédio	Скука
Tranquilidade	Спокойствие
Tristeza	Печаль

Energia
Энергия

Bateria	Батарея
Calor	Жара
Carbono	Углерод
Combustível	Топливо
Diesel	Дизель
Elétrico	Электрический
Elétron	Электрон
Entropia	Энтропия
Fóton	Фотон
Gasolina	Бензин
Hidrogênio	Водород
Motor	Мотор
Nuclear	Ядерный
Poluição	Загрязнение
Sol	Солнце
Turbina	Турбина
Vapor	Пар
Vento	Ветер

Engenharia
Инженерия

Alavancas	Рычаги
Atrito	Трение
Ângulo	Угол
Cálculo	Расчет
Construção	Строительство
Diagrama	Диаграмма
Diâmetro	Диаметр
Diesel	Дизель
Dimensões	Размеры
Distribuição	Распределение
Eixo	Ось
Energia	Энергия
Estabilidade	Стабильность
Estrutura	Структура
Força	Сила
Líquido	Жидкость
Máquina	Машина
Medição	Измерение
Motor	Мотор
Profundidade	Глубина

Especiarias
Специи

Açafrão	Шафран
Alcaçuz	Солодка
Alho	Чеснок
Amargo	Горький
Anis	Анис
Azedo	Кислый
Baunilha	Ваниль
Canela	Корица
Cardamomo	Кардамон
Caril	Карри
Cebola	Лук
Coentro	Кориандр
Cominho	Тмин
Cravo	Гвоздика
Doce	Сладкий
Funcho	Фенхель
Gengibre	Имбирь
Pimenta	Перец
Sabor	Вкус
Sal	Соль

Esportes
Виды Спорта

Atleta	Спортсмен
Árbitro	Судья
Basquete	Баскетбол
Beisebol	Бейсбол
Bicicleta	Велосипед
Campeonato	Чемпионат
Equipe	Команда
Estádio	Стадион
Ganhador	Победитель
Ginásio	Гимназия
Ginástica	Гимнастика
Golfe	Гольф
Hóquei	Хоккей
Jogador	Игрок
Jogo	Игра
Movimento	Движение
Tênis	Теннис
Treinador	Тренер

Família
Семья

Antepassado	Предок
Avó	Бабушка
Avô	Дед
Criança	Ребенок
Crianças	Дети
Esposa	Жена
Filha	Дочь
Infância	Детство
Irmã	Сестра
Irmão	Брат
Marido	Муж
Materno	Материнский
Mãe	Мать
Neto	Внук
Pai	Отец
Paterno	Отцовский
Sobrinha	Племянница
Sobrinho	Племянник
Tia	Тетя
Tio	Дядя

Fazenda #1
Ферма #1

Abelha	Пчела
Arroz	Рис
Água	Вода
Bezerro	Телец
Burro	Осел
Cabra	Коза
Campo	Поле
Cavalo	Лошадь
Cão	Собака
Cerca	Забор
Corvo	Ворона
Feno	Сено
Fertilizante	Удобрение
Frango	Курица
Gato	Кошка
Mel	Мед
Porco	Свинья
Rebanho	Стадо
Terra	Земля
Vaca	Корова

Fazenda #2
Ферма #2

Agricultor	Фермер
Animais	Животные
Celeiro	Амбар
Cevada	Ячмень
Colmeia	Улей
Cordeiro	Ягненок
Fruta	Фрукт
Irrigação	Орошение
Leite	Молоко
Lhama	Лама
Maduro	Спелый
Milho	Кукуруза
Ovelha	Овца
Pastor	Пасти
Pato	Утка
Pomar	Сад
Prado	Луг
Trator	Трактор
Trigo	Пшеница
Vegetal	Овощ

Férias #2
Отпуск #2

Acampamento	Кемпинг
Aeroporto	Аэропорт
Estrangeiro	Иностранец
Feriado	Праздник
Fotos	Фото
Hotel	Отель
Ilha	Остров
Lazer	Досуг
Mapa	Карта
Mar	Море
Montanhas	Горы
Passaporte	Паспорт
Praia	Пляж
Reservas	Бронирование
Restaurante	Ресторан
Táxi	Такси
Tenda	Палатка
Transporte	Транспорт
Viagem	Путешествие
Visto	Виза

Ficção Científica
Научная Фантастика

Atómico	Атомный
Cenário	Сценарий
Cinema	Кино
Clones	Клоны
Distopia	Антиутопия
Explosão	Взрыв
Extremo	Экстремальный
Fogo	Огонь
Galáxia	Галактика
Ilusão	Иллюзия
Imaginário	Воображаемый
Livros	Книги
Misterioso	Таинственный
Mundo	Мир
Oráculo	Оракул
Planeta	Планета
Realista	Реалистичный
Robôs	Роботы
Tecnologia	Технология
Utopia	Утопия

Filantropia
Филантропия

Comunidade	Сообщество
Contatos	Контакты
Crianças	Дети
Desafios	Проблемы
Finança	Финансы
Fundos	Фонды
Generosidade	Щедрость
Global	Глобальный
Grupos	Группы
História	История
Honestidade	Честность
Humanidade	Человечество
Juventude	Молодежь
Missão	Миссия
Necessidade	Нужно
Objetivos	Цели
Pessoas	Люди
Programas	Программы
Público	Общественный

Física
Физика

Aceleração	Ускорение
Átomo	Атом
Caos	Хаос
Densidade	Плотность
Elétron	Электрон
Expansão	Расширение
Fórmula	Формула
Frequência	Частота
Gás	Газ
Gravidade	Гравитация
Magnetismo	Магнетизм
Massa	Масса
Mecânica	Механика
Molécula	Молекула
Motor	Двигатель
Nuclear	Ядерный
Partícula	Частица
Químico	Химические
Universal	Универсальный
Velocidade	Скорость

Flores
Цветы

Buquê	Букет
Calêndula	Календула
Dente-De-Leão	Одуванчик
Gardênia	Гардения
Girassol	Подсолнух
Hibisco	Гибискус
Jasmim	Жасмин
Lavanda	Лаванда
Lilás	Сирень
Lírio	Лилия
Magnólia	Магнолия
Margarida	Маргаритка
Orquídea	Орхидея
Papoula	Мак
Peônia	Пион
Pétala	Лепесток
Plumeria	Плюмерия
Rosa	Роза
Trevo	Клевер
Tulipa	Тюльпан

Floresta Tropical
Тропический Лес

Anfíbios	Амфибии
Botânico	Ботанический
Clima	Климат
Comunidade	Сообщество
Diversidade	Разнообразие
Espécies	Вид
Insetos	Насекомые
Mamíferos	Млекопитающие
Musgo	Мох
Natureza	Природа
Nuvens	Облака
Pássaros	Птицы
Preservação	Сохранение
Refúgio	Убежище
Respeito	Уважение
Selva	Джунгли
Sobrevivência	Выживание
Valioso	Ценный

Força e Gravidade
Сила и Гравитация

Atrito	Трение
Centro	Центр
Descoberta	Открытие
Dinâmico	Динамический
Distância	Расстояние
Eixo	Ось
Expansão	Расширение
Física	Физика
Impacto	Влияние
Magnetismo	Магнетизм
Magnitude	Величина
Mecânica	Механика
Órbita	Орбита
Peso	Вес
Planetas	Планеты
Pressão	Давление
Propriedades	Свойства
Rapidez	Скорость
Tempo	Время
Universal	Универсальный

Formas
Формы

Arco	Дуга
Canto	Угол
Cilindro	Цилиндр
Círculo	Круг
Cone	Конус
Cubo	Куб
Curva	Изгиб
Elipse	Эллипс
Esfera	Сфера
Hipérbole	Гипербола
Lado	Сторона
Linha	Линия
Oval	Овальный
Pirâmide	Пирамида
Polígono	Полигон
Prisma	Призма
Quadrado	Площадь
Retângulo	Прямоугольник
Triângulo	Треугольник

Frutas
Фрукты

Abacate	Авокадо
Abacaxi	Ананас
Amora	Ежевика
Baga	Ягода
Banana	Банан
Cereja	Вишня
Coco	Кокос
Damasco	Абрикос
Figo	Инжир
Framboesa	Малина
Kiwi	Киви
Laranja	Оранжевый
Limão	Лимон
Maçã	Яблоко
Mamão	Папайя
Manga	Манго
Nectarina	Нектарин
Pera	Груша
Pêssego	Персик
Uva	Виноград

Geografia
География

Altitude	Высота
Atlas	Атлас
Cidade	Город
Continente	Континент
Hemisfério	Полусфера
Ilha	Остров
Latitude	Широта
Mapa	Карта
Mar	Море
Meridiano	Меридиан
Montanha	Гора
Mundo	Мир
Norte	Север
Oceano	Океан
Oeste	Запад
País	Страна
Região	Регион
Rio	Река
Sul	Юг
Território	Территория

Geologia
Геология

Ácido	Кислота
Camada	Слой
Caverna	Пещера
Cálcio	Кальций
Continente	Континент
Coral	Коралл
Cristais	Кристаллы
Erosão	Эрозия
Estalactite	Сталактит
Estalagmites	Сталагмиты
Fóssil	Ископаемое
Lava	Лава
Minerais	Минералы
Pedra	Камень
Platô	Плато
Quartzo	Кварц
Sal	Соль
Terremoto	Землетрясение
Vulcão	Вулкан
Zona	Зона

Geometria
Геометрия

Altura	Высота
Ângulo	Угол
Cálculo	Расчет
Círculo	Круг
Curva	Изгиб
Diâmetro	Диаметр
Dimensão	Измерение
Equação	Уравнение
Lógica	Логика
Massa	Масса
Mediana	Медиана
Número	Число
Paralelo	Параллель
Proporção	Пропорция
Segmento	Сегмент
Simetria	Симметрия
Superfície	Поверхность
Teoria	Теория
Triângulo	Треугольник
Vertical	Вертикальный

Governo
Правительство

Cidadania	Гражданство
Civil	Гражданский
Constituição	Конституция
Democracia	Демократия
Discurso	Речь
Discussão	Обсуждение
Distrito	Район
Estado	Государство
Igualdade	Равенство
Independência	Независимость
Judicial	Судебный
Lei	Закон
Liberdade	Свобода
Líder	Лидер
Monumento	Памятник
Nacional	Национальный
Nação	Нация
Pacífico	Мирный
Política	Политика
Símbolo	Символ

Herbalismo
Тимбализм

Açafrão	Шафран
Alecrim	Розмарин
Alho	Чеснок
Aromático	Ароматический
Benéfico	Выгодный
Coentro	Кориандр
Estragão	Эстрагон
Flor	Цветок
Funcho	Фенхель
Ingrediente	Ингредиент
Jardim	Сад
Lavanda	Лаванда
Manjericão	Базилик
Manjerona	Майоран
Planta	Растение
Qualidade	Качество
Sabor	Вкус
Salsa	Петрушка
Tomilho	Тимьян
Verde	Зеленый

Instrumentos Musicais
Музыкальные Инструменты

Bandolim	Мандолина
Banjo	Банджо
Clarinete	Кларнет
Fagote	Фагот
Flauta	Флейта
Gaita	Гармоника
Gongo	Гонг
Harpa	Арфа
Marimba	Маримба
Oboé	Гобой
Pandeiro	Бубен
Percussão	Перкуссия
Piano	Пианино
Saxofone	Саксофон
Tambor	Барабан
Trombone	Тромбон
Trompete	Труба
Violão	Гитара
Violino	Скрипка
Violoncelo	Виолончель

Jardim
Сад

Ancinho	Грабли
Arbusto	Куст
Árvore	Дерево
Banco	Скамья
Cerca	Забор
Ervas Daninhas	Сорняки
Flor	Цветок
Garagem	Гараж
Grama	Трава
Gramado	Лужайка
Jardim	Сад
Lagoa	Пруд
Maca	Гамак
Mangueira	Шланг
Pá	Лопата
Solo	Почва
Terraço	Терраса
Trampolim	Батут
Varanda	Крыльцо

Jardinagem
Садоводство

Água	Вода
Botânico	Ботанический
Buquê	Букет
Clima	Климат
Comestível	Съедобный
Composto	Компост
Espécies	Вид
Exótico	Экзотический
Flor	Цветение
Floral	Цветочный
Folha	Лист
Folhagem	Листва
Mangueira	Шланг
Pomar	Сад
Recipiente	Контейнер
Sazonal	Сезонный
Sementes	Семена
Solo	Почва
Sujeira	Грязь
Umidade	Влага

Jazz
Джаз

Artista	Художник
Álbum	Альбом
Bateria	Барабаны
Canção	Песня
Composição	Состав
Compositor	Композитор
Concerto	Концерт
Estilo	Стиль
Ênfase	Акцент
Famoso	Известный
Favoritos	Избранное
Gênero	Жанр
Improvisação	Импровизация
Música	Музыка
Novo	Новый
Orquestra	Оркестр
Ritmo	Ритм
Talento	Талант
Técnica	Техника
Velho	Старый

Literatura
Литература

Analogia	Аналогия
Análise	Анализ
Anedota	Анекдот
Autor	Автор
Biografia	Биография
Comparação	Сравнение
Conclusão	Заключение
Descrição	Описание
Diálogo	Диалог
Estilo	Стиль
Metáfora	Метафора
Narrador	Рассказчик
Opinião	Мнение
Poema	Стих
Poético	Поэтика
Rima	Рифма
Ritmo	Ритм
Romance	Роман
Tema	Тема
Tragédia	Трагедия

Livros
Книги

Autor	Автор
Aventura	Приключение
Coleção	Коллекция
Contexto	Контекст
Escrito	Написано
Épico	Эпический
História	История
Histórico	Исторический
Leitor	Читатель
Literário	Литературный
Narrador	Рассказчик
Palavras	Слова
Página	Страница
Personagem	Характер
Poema	Стих
Poesia	Поэзия
Relevante	Уместный
Romance	Роман
Série	Серии
Trágico	Трагический

Mamíferos
Млекопитающие

Baleia	Кит
Camelo	Верблюд
Canguru	Кенгуру
Castor	Бобр
Cavalo	Лошадь
Cão	Собака
Coelho	Кролик
Coiote	Койот
Elefante	Слон
Gato	Кошка
Girafa	Жираф
Golfinho	Дельфин
Gorila	Горилла
Leão	Лев
Lobo	Волк
Macaco	Обезьяна
Ovelha	Овца
Raposa	Лиса
Touro	Бык
Zebra	Зебра

Matemática
Математика

Aritmética	Арифметика
Ângulos	Углы
Decimal	Десятичный
Diâmetro	Диаметр
Equação	Уравнение
Expoente	Экспонент
Fração	Фракция
Geometria	Геометрия
Números	Числа
Paralelo	Параллель
Perímetro	Периметр
Perpendicular	Перпендикуляр
Polígono	Полигон
Quadrado	Площадь
Raio	Радиус
Retângulo	Прямоугольник
Simetria	Симметрия
Soma	Сумма
Triângulo	Треугольник
Volume	Объем

Material de Arte
Художественные Принадлежности

Acrílico	Акриловый
Apagador	Ластик
Aquarelas	Акварели
Argila	Глина
Água	Вода
Cadeira	Стул
Carvão	Уголь
Cavalete	Мольберт
Câmera	Камера
Cola	Клей
Cores	Цвета
Criatividade	Креативность
Escovas	Щетки
Lápis	Карандаши
Mesa	Стол
Óleo	Масло
Papel	Бумага
Pastels	Пастели
Tinta	Чернила
Tintas	Краски

Medições
Измерения

Altura	Высота
Byte	Байт
Centímetro	Сантиметр
Comprimento	Длина
Decimal	Десятичный
Grama	Грамм
Grau	Степень
Largura	Ширина
Litro	Литр
Massa	Масса
Metro	Метр
Minuto	Минута
Onça	Унция
Peso	Вес
Polegada	Дюйм
Profundidade	Глубина
Quilograma	Килограмм
Quilômetro	Километр
Tonelada	Тонна
Volume	Объем

Meditação
Медитация

Aceitação	Принятие
Acordado	Бодрствующий
Atenção	Внимание
Bondade	Доброта
Clareza	Ясность
Compaixão	Сострадание
Emoções	Эмоции
Ensinamentos	Учения
Gratidão	Благодарность
Mental	Умственный
Mente	Ум
Movimento	Движение
Música	Музыка
Natureza	Природа
Observação	Наблюдение
Paz	Мир
Pensamentos	Мысли
Perspectiva	Перспектива
Postura	Поза
Silêncio	Тишина

Mitologia
Мифология

Arquétipo	Архетип
Ciúmes	Ревность
Comportamento	Поведение
Criação	Создание
Criatura	Существо
Cultura	Культура
Desastre	Катастрофа
Força	Сила
Guerreiro	Воин
Heroína	Героиня
Herói	Герой
Imortalidade	Бессмертие
Labirinto	Лабиринт
Lenda	Легенда
Mágico	Волшебный
Monstro	Монстр
Mortal	Смертный
Relâmpago	Молния
Trovão	Гром
Vingança	Месть

Moda
Мода

Acessível	Доступный
Bordado	Вышивка
Botões	Кнопки
Boutique	Бутик
Caro	Дорогой
Confortável	Удобный
Elegante	Элегантный
Estilo	Стиль
Medidas	Измерения
Minimalista	Минималист
Moderno	Современный
Modesto	Скромный
Original	Оригинал
Prático	Практический
Renda	Кружево
Roupa	Одежда
Simples	Простой
Tecido	Ткань
Tendência	Тенденция
Textura	Текстура

Música
Музыка

Álbum	Альбом
Balada	Баллада
Cantar	Петь
Cantor	Певец
Clássico	Классический
Coro	Хор
Gravação	Запись
Harmonia	Гармония
Instrumento	Инструмент
Lírico	Лирический
Melodia	Мелодия
Microfone	Микрофон
Musical	Музыкальный
Músico	Музыкант
Ópera	Опера
Poético	Поэтика
Ritmo	Ритм
Rítmico	Ритмичный
Tempo	Темп
Vocal	Вокал

Natureza
Природа

Abelhas	Пчелы
Abrigo	Укрытие
Animais	Животные
Ártico	Арктический
Beleza	Красота
Deserto	Пустыня
Dinâmico	Динамический
Erosão	Эрозия
Floresta	Лес
Folhagem	Листва
Geleira	Ледник
Montanhas	Горы
Nevoeiro	Туман
Nuvens	Облака
Pacífico	Мирный
Rio	Река
Santuário	Святилище
Selvagem	Дикий
Sereno	Безмятежный
Tropical	Тропический

Negócios
Бизнес

Carreira	Карьера
Custo	Стоимость
Desconto	Скидка
Dinheiro	Деньги
Economia	Экономика
Empregado	Работник
Empregador	Работодатель
Empresa	Компания
Escritório	Офис
Fábrica	Завод
Finança	Финансы
Impostos	Налоги
Investimento	Инвестиции
Loja	Магазин
Lucro	Прибыль
Mercadoria	Товар
Moeda	Валюта
Orçamento	Бюджет
Rendimento	Доход
Venda	Продажа

Nutrição
Питание

Amargo	Горький
Apetite	Аппетит
Calorias	Калории
Carboidratos	Углеводы
Comestível	Съедобный
Dieta	Диета
Digestão	Пищеварение
Fermentação	Ферментация
Ingredientes	Ингредиенты
Líquidos	Жидкости
Molho	Соус
Nutriente	Нутриент
Peso	Вес
Proteínas	Белки
Qualidade	Качество
Sabor	Вкус
Saudável	Здоровый
Saúde	Здоровье
Toxina	Токсин
Vitamina	Витамин

Números
Цифры

Cinco	Пять
Decimal	Десятичный
Dez	Десять
Dezesseis	Шестнадцать
Dezessete	Семнадцать
Dezoito	Восемнадцать
Dois	Два
Doze	Двенадцать
Nove	Девять
Oito	Восемь
Quatorze	Четырнадцать
Quatro	Четыре
Quinze	Пятнадцать
Seis	Шесть
Sete	Семь
Treze	Тринадцать
Três	Три
Um	Один
Vinte	Двадцать
Zero	Нуль

Oceano
Океан

Alga	Водоросли
Atum	Тунец
Baleia	Кит
Barco	Лодка
Camarão	Креветка
Caranguejo	Краб
Coral	Коралл
Enguia	Угорь
Esponja	Губка
Golfinho	Дельфин
Marés	Приливы
Medusa	Медуза
Ostra	Устрица
Peixe	Рыба
Polvo	Осьминог
Recife	Риф
Sal	Соль
Tartaruga	Черепаха
Tempestade	Буря
Tubarão	Акула

Paisagens
Пейзажи

Cascata	Водопад
Caverna	Пещера
Colina	Холм
Deserto	Пустыня
Geleira	Ледник
Golfo	Залив
Iceberg	Айсберг
Ilha	Остров
Lago	Озеро
Mar	Море
Montanha	Гора
Oásis	Оазис
Oceano	Океан
Pântano	Болото
Península	Полуостров
Praia	Пляж
Rio	Река
Tundra	Тундра
Vale	Долина
Vulcão	Вулкан

Países #1
Страны #1

Alemanha	Германия
Brasil	Бразилия
Camboja	Камбоджа
Canadá	Канада
Egito	Египет
Equador	Эквадор
Espanha	Испания
Finlândia	Финляндия
Iraque	Ирак
Israel	Израиль
Itália	Италия
Índia	Индия
Mali	Мали
Marrocos	Марокко
Nicarágua	Никарагуа
Noruega	Норвегия
Panamá	Панама
Polônia	Польша
Senegal	Сенегал
Venezuela	Венесуэла

Países #2
Страны #2

Albânia	Албания
Dinamarca	Дания
França	Франция
Grécia	Греция
Haiti	Гаити
Indonésia	Индонезия
Irlanda	Ирландия
Jamaica	Ямайка
Japão	Япония
Laos	Лаос
Líbano	Ливан
México	Мексика
Nepal	Непал
Nigéria	Нигерия
Paquistão	Пакистан
Rússia	Россия
Síria	Сирия
Somália	Сомали
Ucrânia	Украина
Uganda	Уганда

Pássaros
Птицы

Avestruz	Страус
Águia	Орел
Cegonha	Аист
Cisne	Лебедь
Corvo	Ворона
Cuco	Кукушка
Flamingo	Фламинго
Frango	Курица
Gaivota	Чайка
Ganso	Гусь
Garça	Цапля
Ovo	Яйцо
Papagaio	Попугай
Pardal	Воробей
Pato	Утка
Pavão	Павлин
Pelicano	Пеликан
Pinguim	Пингвин
Pombo	Голубь
Tucano	Тукан

Pesca
Рыбалка

Água	Вода
Barbatanas	Плавники
Barco	Лодка
Brânquias	Жабры
Cesta	Корзина
Cozinhar	Повар
Equipamento	Оборудование
Exagero	Преувеличение
Fio	Провод
Gancho	Крюк
Isca	Приманка
Lago	Озеро
Mandíbula	Челюсть
Oceano	Океан
Paciência	Терпение
Peso	Вес
Praia	Пляж
Rio	Река
Temporada	Сезон

Plantas
Растения

Arbusto	Куст
Árvore	Дерево
Baga	Ягода
Bambu	Бамбук
Botânica	Ботаника
Cacto	Кактус
Feijão	Боб
Fertilizante	Удобрение
Flor	Цветок
Flora	Флора
Floresta	Лес
Folha	Лист
Folhagem	Листва
Grama	Трава
Hera	Плющ
Jardim	Сад
Musgo	Мох
Pétala	Лепесток
Raiz	Корень
Sol	Солнце

Política
Политика

Ativista	Активист
Campanha	Кампания
Candidato	Кандидат
Comitê	Комитет
Conselho	Совет
Escolha	Выбор
Estratégia	Стратегия
Ética	Этика
Governo	Правительство
Igualdade	Равенство
Impostos	Налоги
Liberdade	Свобода
Nacional	Национальный
Opinião	Мнение
Política	Политика
Político	Политик
Popularidade	Популярность
Vitória	Победа

Profissões #1
Профессии #1

Advogado	Адвокат
Artista	Художник
Astrônomo	Астроном
Banqueiro	Банкир
Bombeiro	Пожарный
Caçador	Охотник
Cartógrafo	Картограф
Cientista	Ученый
Dançarino	Танцор
Editor	Редактор
Embaixador	Посол
Encanador	Водопроводчик
Enfermeira	Медсестра
Geólogo	Геолог
Joalheiro	Ювелир
Marinheiro	Моряк
Músico	Музыкант
Pianista	Пианист
Psicólogo	Психолог
Veterinário	Ветеринар

Profissões #2
Профессии #2

Agricultor	Фермер
Astronauta	Астронавт
Bibliotecário	Библиотекарь
Biólogo	Биолог
Cirurgião	Хирург
Dentista	Стоматолог
Engenheiro	Инженер
Filósofo	Философ
Fotógrafo	Фотограф
Ilustrador	Иллюстратор
Inventor	Изобретатель
Investigador	Исследователь
Jardineiro	Садовник
Jornalista	Журналист
Linguista	Лингвист
Médico	Врач
Piloto	Пилот
Pintor	Художник
Professor	Учитель
Zoólogo	Зоолог

Psicologia
Психология

Avaliação	Оценка
Clínico	Клинический
Cognição	Познание
Comportamento	Поведение
Conflito	Конфликт
Ego	Эго
Emoções	Эмоции
Experiências	Опыт
Inconsciente	Без Сознания
Infância	Детство
Influências	Влияния
Pensamentos	Мысли
Percepção	Восприятие
Personalidade	Личность
Problema	Проблема
Realidade	Реальность
Sensação	Сенсация
Sonhos	Мечты
Subconsciente	Подсознание
Terapia	Терапия

Química
Химия

Alcalino	Щелочной
Ácido	Кислота
Calor	Жара
Carbono	Углерод
Catalisador	Катализатор
Cloro	Хлор
Elementos	Элементы
Elétron	Электрон
Enzima	Фермент
Gás	Газ
Hidrogênio	Водород
Íon	Ион
Líquido	Жидкость
Molécula	Молекула
Nuclear	Ядерный
Orgânico	Органический
Oxigénio	Кислород
Peso	Вес
Sal	Соль
Temperatura	Температура

Restaurante # 2
Ресторан #2

Aperitivo	Закуска
Água	Вода
Bebida	Напиток
Bolo	Торт
Cadeira	Стул
Colher	Ложка
Delicioso	Вкусный
Especiarias	Специи
Fruta	Фрукт
Garçom	Официант
Garfo	Вилка
Gelo	Лед
Jantar	Обед
Legumes	Овощи
Macarrão	Лапша
Ovo	Яйца
Peixe	Рыба
Sal	Соль
Salada	Салат
Sopa	Суп

Roupas
Одежда

Avental	Фартук
Blusa	Блуза
Calça	Брюки
Camisa	Рубашка
Casaco	Пальто
Chapéu	Шляпа
Cinto	Пояс
Colar	Ожерелье
Jaqueta	Куртка
Jeans	Джинсы
Luvas	Перчатки
Meias	Носки
Moda	Мода
Pijama	Пижама
Pulseira	Браслет
Saia	Юбка
Sandálias	Сандалии
Sapato	Обувь
Suéter	Свитер
Vestido	Платье

Saúde e Bem-Estar #1
Здоровье и Благополучие #1

Altura	Высота
Ativo	Активный
Bactérias	Бактерии
Clínica	Клиника
Doutor	Врач
Farmácia	Аптека
Fome	Голод
Fratura	Перелом
Hábito	Привычка
Hormones	Гормоны
Medicina	Медицина
Nervos	Нервы
Ossos	Кости
Pele	Кожа
Postura	Поза
Reflexo	Рефлекс
Relaxamento	Релаксация
Terapia	Терапия
Tratamento	Лечение
Vírus	Вирус

Saúde e Bem-Estar #2
Здоровье и Благополучие #2

Alergia	Аллергия
Anatomia	Анатомия
Apetite	Аппетит
Caloria	Калория
Corpo	Тело
Desidratação	Обезвоживание
Dieta	Диета
Digestão	Пищеварение
Doença	Болезнь
Energia	Энергия
Genética	Генетика
Higiene	Гигиена
Hospital	Больница
Humor	Настроение
Infecção	Инфекция
Massagem	Массаж
Peso	Вес
Sangue	Кровь
Saudável	Здоровый
Vitamina	Витамин

Tecnologia
Технология

Arquivo	Файл
Blog	Блог
Bytes	Байтов
Câmera	Камера
Computador	Компьютер
Cursor	Курсор
Dados	Данные
Digital	Цифровой
Estatísticas	Статистика
Fonte	Шрифт
Internet	Интернет
Mensagem	Сообщение
Navegador	Браузера
Pesquisa	Исследование
Segurança	Безопасность
Tela	Экран
Virtual	Виртуальный
Vírus	Вирус

Tempo
Время

Agora	Сейчас
Ano	Год
Antes	До
Anual	Ежегодный
Calendário	Календарь
Década	Десятилетие
Dia	День
Futuro	Будущее
Hoje	Сегодня
Hora	Час
Manhã	Утро
Meio-Dia	Полдень
Mês	Месяц
Minuto	Минута
Momento	Момент
Noite	Ночь
Ontem	Вчера
Relógio	Часы
Semana	Неделя
Século	Век

Tipos de Cabelo
Типы Волос

Branco	Белый
Brilhante	Блестящий
Cachos	Кудри
Careca	Лысый
Cinza	Серый
Colori	Цветной
Curto	Короткая
Encaracolado	Кудрявый
Fino	Тонкий
Grosso	Толстый
Loiro	Блондин
Longo	Длинный
Marrom	Коричневый
Prata	Серебро
Preto	Черный
Saudável	Здоровый
Seco	Сухой
Suave	Мягкий
Trançado	Плетеный
Tranças	Косы

Universo
Вселенная

Asteróide	Астероид
Astronomia	Астрономия
Astrônomo	Астроном
Atmosfera	Атмосфера
Celestial	Небесный
Céu	Небо
Cósmico	Космический
Equador	Экватор
Galáxia	Галактика
Hemisfério	Полусфера
Horizonte	Горизонт
Latitude	Широта
Longitude	Долгота
Lua	Луна
Órbita	Орбита
Solar	Солнечный
Solstício	Солнцестояние
Telescópio	Телескоп
Visível	Видимый
Zodíaco	Зодиак

Vegetais
Овощи

Abóbora	Тыква
Aipo	Сельдерей
Alcachofra	Артишок
Alho	Чеснок
Batata	Картофель
Beringela	Баклажан
Brócolis	Брокколи
Cebola	Лук
Cenoura	Морковь
Chalota	Шалот
Cogumelo	Гриб
Ervilha	Горох
Espinafre	Шпинат
Gengibre	Имбирь
Nabo	Репа
Pepino	Огурец
Rabanete	Редис
Salada	Салат
Salsa	Петрушка
Tomate	Помидор

Veículos
Транспортные Средства

Avião	Самолет
Balsa	Паром
Barco	Лодка
Bicicleta	Велосипед
Caminhão	Грузовик
Caravana	Караван
Carro	Автомобиль
Foguete	Ракета
Furgão	Фургон
Helicóptero	Вертолет
Jangada	Плот
Lambreta	Скутер
Metrô	Метро
Motor	Мотор
Ônibus	Автобус
Pneus	Шины
Táxi	Такси
Transporte	Челнок
Trator	Трактор

Xadrez
Шахматы

Branco	Белый
Campeão	Чемпион
Concurso	Конкурс
Desafios	Проблемы
Diagonal	Диагональ
Estratégia	Стратегия
Jogador	Игрок
Jogo	Игра
Oponente	Оппонент
Passivo	Пассивный
Pontos	Точки
Preto	Черный
Rainha	Королева
Regras	Правила
Rei	Король
Sacrifício	Жертва
Tempo	Время
Torneio	Турнир

Parabéns

Conseguiu!

Esperamos que tenha gostado tanto deste livro como nós gostamos de o desenhar. Esforçamo-nos por criar livros da mais alta qualidade possível.
Esta edição foi concebida para proporcionar uma aprendizagem inteligente, de qualidade e divertida!

Gostou deste livro?

Um simples pedido

Estes livros existem graças às críticas que publica.
Pode ajudar-nos, deixando agora uma revisão?

Aqui está um pequeno link para
a sua página de revisão:

BestBooksActivity.com/Avaliacoes50

DESAFIO FINAL!

Desafio n° 1

Está pronto para o seu jogo grátis? Usamo-los a toda a hora, mas não são tão fáceis de encontrar - aqui estão os **Sinônimos!**
Escreva 5 palavras que encontrou nos puzzles (n° 21, n° 36, n° 76) e tente encontrar 2 sinónimos para cada palavra.

Escreva 5 palavras de *Puzzle 21*

Palavras	Sinônimo 1	Sinônimo 2

Escreva 5 palavras de *Puzzle 36*

Palavras	Sinônimo 1	Sinônimo 2

Escreva 5 palavras de *Puzzle 76*

Palavras	Sinônimo 1	Sinônimo 2

Desafio n° 2

Agora que já aqueceu, escreva 5 palavras que encontrou nos Puzzles (n° 9, n° 17 e n° 25) e tente encontrar 2 antônimos para cada palavra. Quantos se podem encontrar em 20 minutos?

Escreva 5 palavras de **Puzzle 9**

Palavras	Antônimo 1	Antônimo 2

Escreva 5 palavras de **Puzzle 17**

Palavras	Antônimo 1	Antônimo 2

Escreva 5 palavras de **Puzzle 25**

Palavras	Antônimo 1	Antônimo 2

Desafio n° 3

Óptimo! Este desafio final não é nada para si.

Pronto para o desafio final? Escolha 10 palavras que tenha descoberto nos diferentes puzzles e escreva-as abaixo.

1.	6.
2.	7.
3.	8.
4.	9.
5.	10.

Agora escreva um texto a pensar numa pessoa, num animal ou num lugar de seu agrado.

Pode utilizar a última página deste livro como um rascunho.

A Sua Composição:

CADERNO DE NOTAS:

ATÉ BREVE!

A equipa Inteira

DESCUBRA JOGOS GRATUITOS

GO

↓

BESTACTIVITYBOOKS.COM/FREEGAMES

www.ingramcontent.com/pod-product-compliance
Lightning Source LLC
Chambersburg PA
CBHW082038120626
46553CB00011B/3209